陈振裕 裘玾 黄凤春 杨瑾 田凯／著

镇馆之宝 ①

让历史复活，让文物说话
它们是历史的遗存，是文明的见证

中国财经出版传媒集团
中国财政经济出版社

图书在版编目（CIP）数据

镇馆之宝．一／黄风春等著．—北京：中国财政经济出版社，2018.6
ISBN 978 – 7 – 5095 – 8073 – 8

Ⅰ.①镇… Ⅱ.①黄… Ⅲ.①文物 – 中国 – 通俗读物 Ⅳ.①K87 – 49

中国版本图书馆 CIP 数据核字（2018）第 040384 号

责任编辑：张怡然	责任校对：李　丽
文字编辑：刘孺泾	责任印制：刘春年

中国财政经济出版社 出版

URL：http：//www.cfeph.cn
E – mail：cfeph @ cfeph.cn

（版权所有　翻印必究）

社址：北京市海淀区阜成路甲 28 号　邮政编码：100142
营销中心电话：010 – 88191537　财经书店电话：64033436
北京时捷印刷有限公司印刷　各地新华书店经销
787×1092 毫米　16 开　13.75 印张　186 000 字
2018 年 6 月第 1 版　2018 年 6 月北京第 1 次印刷
定价：42.00 元
ISBN 978 – 7 – 5095 – 8073 – 8
（图书出现印装问题，本社负责调换）
本社质量投诉电话：010 – 88190744
反盗版举报热线：010 – 88191661 QQ：2242791300

目 录

001 | 天下第一剑
037 | 越剑传奇
051 | 曾侯乙墓
071 | 曾随之谜
093 | 章怀太子墓
109 | 《客使图》里的秘密
125 | 鎏金银竹节铜熏炉之谜
143 | 隐于幕后的大汉长公主
159 | 闻香觅仙道
181 | 神秘的金简
199 | 投简之谜

天下第一剑

1965年在湖北江汉平原，考古队在发掘望山1号墓的时候，不仅发现了精细打造的棺椁，还发现了带有"王"字的青铜剑。这把剑铸造精致、花纹优美，被埋于地下千年依旧锐利无比，反映出了我国古代铸剑工匠的高超技艺，因此被誉为"天下第一剑"。剑上铭文显示，这把剑的主人正是春秋时期一代霸主——越王勾践。那么这把剑究竟有哪些不同反响之处？越王剑又为什么会出现在楚墓中？它是楚国灭亡越国的战利品，还是楚越联姻的馈赠品呢？

在湖北省博物馆的"镇馆之宝"中,有一把锋利无比的剑,时隔2400多年的岁月洗礼,依然光彩耀目,美轮美奂。它就是著名的越王勾践所使用的剑[图1]。在我国的考古发掘中,发现数以千计的青铜剑,为什么唯独这把剑被誉为"天下第一剑"?而显赫一时的越王勾践所用的这把青铜剑是在何时何地发现的?这把青铜剑考古发现的背后,有哪些令人难忘的故事呢?

一、惊现勾践剑

在中国考古史上,有许多惊世的发现,其中有些是考古学家有目的发掘的,也有一些是配合基本建设发现的,还有一些是偶然的机遇发现的。那么,越王勾践剑是怎么发现的?请大家随我穿越时空,到1965年考古调查和发掘工地,了解它的发现情况。

"湖广熟,天下足"湖北江汉平原自古以来就是我国的重要粮仓。为了确保旱涝保收,1965年湖北荆州地区党委决定在漳河水库修建第二、第四条干渠,以灌溉荆门、钟祥、江陵三县的农田。

(一)考古调查

为了配合漳河二、四干渠工程,领导派我和两位同事进行考古调查。漳河水库二、四干渠为了避免占压良

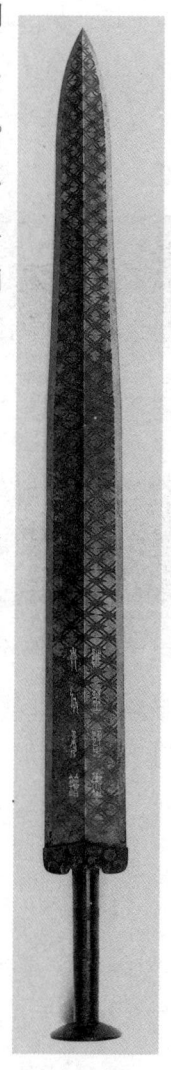

图1
越王勾践剑

田，多选在丘陵地段的荒地上，离乡、镇均较远，所以调查中的食住行都很困难。当年我们是在酷暑季节沿漳河二、四干渠的渠道桩线步行调查，不漏掉任何一个桩号。在漳河水库二干渠的纪山西边与八岭山南边，我们发现有封土堆墓25座，无封土堆墓30余座。对每座墓在几号桩的什么位置及其与渠道相关的情况，都详细作了文字记录并绘制了草图。我们对25座有封土堆的墓进行考古勘探，均未见砖室墓，而大部分是战国时期的楚墓，也有少数西汉墓。

历时一个多月，考古调查工作结束了。我们回到湖北省博物馆江陵工作站，立即向领导汇报了这次考古调查的情况。由于漳河二干渠的工程很快开工，领导安排我和4位同事先到沙冢墓地进行考古发掘。

（二）沙冢墓地发掘

沙冢墓地在楚都纪南城西北约7公里处，共发掘4座楚墓，其中1号墓为中型楚墓，其余3座均为长方形小型楚墓。

沙冢1号墓大部分在渠道线内，它由封土堆、墓道、墓坑和墓室组成。墓坑为长方形，墓口东西长9.9米、南北宽7.8米。坑壁上部自墓口以下向内收缩为三级生土台阶，从第三级台阶向下的四壁均斜直向里收，形成口大底小的墓室。墓室正中放置棺椁，葬具为一椁重棺，椁室分为头箱、边箱和棺室三个室。

这座墓早年严重被盗，青铜器几乎被盗光，只剩下陶器和漆木器等文物142件。其中也有一些文物珍品保存完好，如18件漆耳杯，杯里髹红漆，杯外髹黑漆，在口沿内外与双耳上的黑漆底上，用红漆绘变形鸟头纹、卷云纹和勾连云纹等纹样，漆色鲜艳，如同新作。还有一件漆木矢箙［图2］，面板的中部透雕鸟一只，其左右有凤和兽各一只，边框上部浮雕两条小蛇，其余三边绘几何纹，十分美观。在内棺的盖板上，放置有彩漆竹席和玉璧各一件。这件彩漆竹席为长方形，长51厘米、宽24厘米。篾片宽仅2.5毫米、厚约0.5毫米,并分别髹红、黑漆。它采用方格十字形编织法,构成2~4个平行直线纹及18个正方格纹,在正方格纹里又编织出一个大的4个小的"十"字形纹样。编织精工,图案优美,类似于今天的织锦图案。

图2　彩绘鸟兽纹矢箙面板（沙冢1号墓出土）

在清理棺内的人骨时,未见头骨,这是至今已发掘的数千座楚墓中所仅见。经人骨鉴定,墓主是位中年男子。墓中有铜矢、矢箙、漆木戈、矛杆等兵器,因此可以推测他可能是位楚国的军官,战死沙场后,以下大夫之礼归葬于故土。

（三）望山1号墓考古发掘

望山1号墓的东南距楚故都纪南城7公里,在二干渠的渠道正中[图3]。发掘沙冢楚墓后,我与两位同事立即转到望山1号墓。我们再次进行考古勘探,确认这是座有封土堆、墓道的竖穴土坑木椁墓。

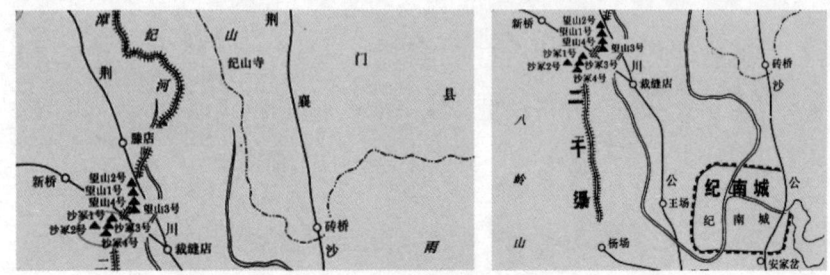

图 3　望山楚墓地理位置示意图

同时,我们寻找到了墓坑。墓坑为长方形,在封土堆下 2.8 米;墓口东西长 16.1 米、南北宽 13.5 米。现在这种规模只能算是中型墓,但当年湖北省发掘的不少楚墓都是小型墓,因此我们当时认为它是座大墓。

我意识到,仅凭我们三个人很难完成这个墓的发掘工作。于是,我马上骑自行车回湖北省博物馆江陵工作站,向领导作了详细的汇报。谭维四队长听后很高兴,认为这是湖北省第一次发现的大型楚墓。于是,他从馆里抽调了照相、绘图、文物保护等方面的人员,又从工作站其他工地抽调人员,并亲自到考古工地主持工作。我们还在附近的望山小学安排临时库房、伙房,增加民工人数,开始大规模发掘。

这座墓葬残存的封土堆为椭圆形,残高 2.8 米、底部直径 18 米。我们发掘封土时,采取先发掘半边的方法,了解其构筑情况。封土堆为黄沙土,经过人工夯筑,夯层是 50 厘米,土质坚硬。它并不是周围水塘里挖出的泥形成的土堆,而是当年有意识的人工筑成的。清完封土堆以后,开始清理墓口。墓坑里的填土经铲平后,没有发现盗洞。第一层填土是五花土。什么叫五花土呢?就是五花八门的土,土色非常混杂。楚墓的土色偏黄,汉墓的土色呈黑灰色,此处的土色还是偏黄一点,所以我们一看,这是座楚墓没问题。

往下挖到 2.16 米时,五花土挖完了。发现了第二层填土,青灰泥。青灰泥含沙质较多。这层填土是将自然的青灰泥运过来直接填到墓坑里的。快到椁盖板时，又填一层白膏泥，非常细腻，密封性能非常好，这种土是经人工淘洗过的，非常罕见。

大家看了以后非常激动，这个墓密封这么好，又没被盗，可能里面的东西不仅多，而且保存很好。大家都觉得这是个好兆头。

清完了墓坑的填土，我们发现墓坑四壁有五级的生土台阶，从墓口逐步往里面收缩至墓室。中原地区的大中型墓都没有生土台阶，均斜里收至墓室。因为楚地的土质不好，容易崩塌，这是楚人采取的一种起防护作用的安全措施。而且墓葬越大，它的生土台阶相对就越多，逐步放下来以免崩塌，这就是它科学的地方。

清完墓坑的填土以后，椁室就露出来了。椁盖板上面铺有三床大竹席，保存完好。乍一看，我们就觉得这竹席不简单，篾青是绿色的，篾黄是淡黄色的，就像新的一样。我们正在议论的时候，竹席接触了空气，变成了黑灰色了。哎呀，我紧张了，因为沙冢1号墓的竹席也是这样子，变成灰黑色，然后变成灰，取都取不下来。过了一会儿，它并没变化，我用手一摸，质地很好。后来，我们就把它完整揭取下来，送到临时库房里面保管起来。

揭去竹席以后，见到南北横置于椁室上的14块椁盖板，保存完好，均为长条形的厚木板，每块盖板相接紧密无缝。清理时，我们看到从西边第一块的西端中间处只有一道刀刻痕迹，其余每块盖板相接处均有三道刀刻痕。从高处看，它是以西边第一块西端刻痕为中心向东形成三条辐射的刀刻痕。这些刀刻痕是为了使椁盖板之间合缝紧密，在墓坑预先排好椁盖板的次序，再用刀刻出相邻盖板的记号，然后按记号在椁室上平铺。当年清理时，清楚地看到14块椁盖板的南北两端参差不齐，正是有力的佐证。这种刀刻痕的木椁盖板，在已发表的楚墓资料中尚属仅见，可见当年工匠的精细程度。

揭去椁盖板，显露出由南北椁墙板与东西椁挡板构成的Ⅱ型椁室。椁室内空，为长方形，东西长5.90米、南北宽2.53米。由横梁、竖梁、隔板、立柱将其分为头箱、边箱和棺室三个部分。在三个室上都盖有数量不等的顶板，这些顶板之间的合缝也十分紧密，而且边箱与棺室的相邻顶板也有与椁盖板上相同的刀刻痕，而头箱顶板未见刀刻痕。看到这些情况，有的说，当年工匠采取这种有力措施，精心构筑椁室，墓主一定是位楚国高官；也有的说，椁室采取如此封闭严密的措施，墓里一定有许多珍贵文物。大家七嘴八舌地议论着，都希望这是个好兆头，期待看到更多的惊喜。

但是揭开顶板一看，椁室里满满的积水。我们用盆、桶等工具把椁室的积水提完。提完水以后，看到边箱跟头箱的器物至少叠压着三层。因为当时是严冬，又下过大雪，所以大家很害怕拖延时间，不利于文物的保护。当时领导决定分两个组同时进行清理，由郭德维先生和陈恒树先生清理边箱，我跟杨定爱先生清理头箱。

我们到头箱一看，在头箱南北两边各构筑一个阁楼。在北阁楼放一件大漆案，这件漆案的案面为长方形，周边凸起，四角镶铜，平底，近长边的两端皆有铜蹄足与铜铺首衔环各一个，通体髹红漆，案面用黑漆绘四方连续的涡纹，长141厘米、宽64厘米、高10.8厘米。这种漆案目前仅出土几件，均在大中型墓中发现。在南阁楼放有多件长兵器，其中的铜戈保存非常完好，连绑的绳子都在，长度1米多。这种阁楼，在数以千计的楚墓中，至今仍是仅见的发现。

我们先把大漆案和长兵器清理了。楼板下面是一大批的青铜器，有铜鼎、铜壶等。当时我们很兴奋，这个墓的文物保存真好，就想在铜器里面看看有没有铭文。每拿一件铜器出来，里里外外地瞧，结果令人失望。铜器很不错，就是没有铭文。

正在大家很感遗憾的时候，我们在一个漆木文书工具盒里，发现有两件铜夹刻刀，它上面有"王"字铭文。有"王"字的铭文，不仅给了我们一个心理上的安慰，而且也给了我们一个信号，这"王"字不是一般人能随便用的，这个墓主可能是非同凡响的人。

在头箱底层的中部，放置一件漆木镇墓兽，它由木雕方座、相连的双头双身怪兽和真鹿角三个部分组成。此前，在湖北、湖南和河南等地的楚墓中，也发现过一些镇墓兽，但大都为单头单身。这种双头双身的镇墓兽在当时还是首次发现，而且如此高大也属罕见。

镇墓兽，是楚人信巫好祀的反映。其形态变化多样，狰狞恐怖，令人望而生畏。它是楚墓随葬品中最富有特色的一种专供丧葬用的明器，在东周其他诸侯国至今未见。20世纪八九十年代，已经发现镇墓兽数以百计。关于它的名称和用途，许多学者进行了研究，至今已有镇墓兽、山神像、土伯、死神、冥府中守护者、引魂升天的龙、兵主等十余种看法，但目前尚无定论。这种神异之兽究竟名称与用途是什么？希望大家跟我一起继续探讨。

头箱清理接近尾声，我们发现一些长仅20厘米的小竹盒。它是干什么用的？在竹盒的附近，我们又发现不少杏、毛桃等水果和生姜，还有一件保存很好的小竹盒。打开这盒子，里面竟是一堆鸡骨头，当年应是放鸡腿的，年久鸡肉已腐朽而仅剩鸡骨。哦！我很快明白了，楚人的思想是事死如事生，因而将生前所用与喜欢吃的各种食物都放在墓中，让墓主带到另一个世界继续享用。

经初步观察，虽然椁室里的积水导致边箱的随葬器物中的一些漆木器、竹器浮动而移开原位，但总体来说其位置不变，有一定的规律。边箱的东端放置一件虎座鸟架悬鼓，中部还有件漆瑟，东部与中南边放置楯殳、漆盾等兵器，中部靠南边置漆木车舆构件与铜车軎等车马器，中部靠北是酒具盒、漆豆、彩漆大竹筒等漆木竹生活用具，竹简也出自边箱东部，西边置车伞、竹席等。为了便于清理、绘图、照相和文字记录后，首先提取边箱最东端的虎座鸟架悬鼓。从总体看这件虎座鸟架悬鼓，高度在 1 米以上，十分高大雄伟。

春秋战国时期的宫廷音乐，虽然是以青铜编钟与石编磬为主，但鼓也是其中一种重要的乐器。至今，这种虎座鸟架悬鼓仅出于楚国的贵族墓中，在庶民墓中未见，在其他诸侯国也未见，它是楚国特有的一种乐器。这种鼓的构思非常巧妙，而且都有彩绘花纹。它不仅是当时造型十分优美的乐器，还是一件手工艺术品。

在边箱紧邻虎座鸟架悬鼓处，放置着 14 件漆盾，边箱的南部第一层还有铜戈和铜殳等兵器。据文献记载，殳与戈、戟、夷矛、酋矛同为兵车五常。这次发掘的 4 件殳柲，均为积竹柲，其中两件的断面为前窄后圆，残长 280 厘米；另两件的断面为圆形，残长 270 厘米。还发现一件楷殳，残长 270 厘米，是我国最早发现的殳之实物。

边箱的清理工作虽然由于漆木竹器相互叠压，进度较缓，但也不断传出喜讯。近西边的正中处，取出一件长条形的漆器，揭开器盖后，里面放着一件插在黑漆鞘里的青铜剑，这件漆器原来是件剑盒。当从剑鞘里拔出青铜剑，只见这件青铜剑寒气逼人，非常精美。它的剑首向外翻卷成圆盘形，首内铸有 5 圈同心圆，圆茎实心，茎上有两道凸箍并缠有丝线（文献所记的"缑"）；广格，两面均用绿松石镶嵌几何纹；剑身较宽，中脊起棱，无从，两锷末微弧；整个剑身两面满饰黑色的菱形花纹，非常美观。保存完好，刃薄而锋利。剑身长 49.1 厘米、宽 4.6 厘米，全长 60.6 厘米。这把剑保存得如此完好而且非常锋利，剑身上的花纹十分优美，不仅在湖北而且在全国也是极为罕见的。清理时，我们仔细地检查剑的每一个部位，寻找剑上是否有铭文。经过反复多次的查看，却未能发现铭文，确系此剑的美中不足。大家看后相互议论说，头箱有很多兵器，在边箱又出这么多兵器，这个墓主人很可能是楚国一个将军。

在边箱近西边的中部，又取出一件彩绘木雕小座屏［图4］。此件小座屏是由座屏和雕屏两部分构成。小座屏的两端着地，中部悬空；屏座上置一雕屏，雕屏的四周围成长方框，长51.8厘米、座宽12厘米、屏宽3厘米、高15厘米。小座屏上由透雕与浮雕的动物组成连续性的图案，计有凤、鸟、鹿各4只，蛙2只，小蛇15条，大蟒26条，共计55个动物。

图4　彩绘木雕小座屏

这件小座屏左右对称，均衡美观，运用透雕与浮雕的手法，上镂空而下为非镂空的整块构造，显得稳重。55个动物穿插交错，相互争斗，变化复杂而有规律，画面生动。它在写实的基础上富于想象，又不失写实的特点。它充分反映了我国古代人民的聪明才智，其手艺巧夺天工，是我国先秦时期彩绘与木雕的一件代表作。

在边箱靠近北边，我们还发现一批竹简。竹简由于当年椁室积水的浮动跟器物的叠压，都较残断。我们认真地清理完后，把边箱底部的残渣全部拉回到室内再次仔细地清理。小小的一个残件以及竹简的残片，我们都把它清理出来，为我们拼接、研究做好前期的工作。

这批竹简后来经拼接，总计207枚，最长的为52.1厘米。竹简的主要内容为墓主卜筮祭祀的记录，系此类简文的最早发现。它为研究墓主与年代，提供了重要的资料。

头箱清理完以后，边箱还在清理。我跟杨定爱就转到棺室清理。

揭开棺室顶板后,看到长方盒状的漆木外棺,东西长 2.78 米、南北宽 1.66 米、高 1.42 米。它简直是紧贴着棺室放置。棺盖由 6 块长条形薄板以边缘搭接而成,并用铅锡攀钉加固使其成为一块整板。再仔细观察四壁板,也是分别为 5 块长条形薄板,其构筑方法与盖板相同,最后使其各自成为一块整板。其中底板的各块木板之间还用栓钉接合。侧板与挡板之间以套榫接合,与盖板、底板是用子母口扣合。盖板与侧板、挡板还用铜铆钉加固。所以,整个外棺的接合非常紧密、牢固。一般外棺大多为弧形棺,有些虽然也为长方盒状,但 6 块面板均为整木制成,这种形制的外棺不仅此前未见,而且至今也仅有两例。大家边清理边议论:外棺如此特殊,墓主一定也非寻常之辈。

揭取外棺的盖板后,可以看到其正中又套有弧形悬底棺,东西长 2.36 米、南北宽 1.05 米、高 1.08 米。其形状与不久前清理的沙冢 1 号墓的外棺基本相同,也是盖板与两侧板为凸弧形,挡板为长方形,均由整块木板制成。四壁板之间以套榫(明榫)接合,即东、西挡板上、下有对称的两个凸榫,分别插入南、北侧板的凹槽里。凸弧形盖板内有周凹槽,与四壁板上部的凸榫(即子口)相接合。在棺外用丝帛将整个内棺包裹,然后用宽 4 厘米的丝带捆缚,其次序为先南北向横缚 7 道,再东西向纵缚 4 道,在盖板顶部 28 处丝带的纵横交错处,用四方形丝套将其固定。清理完包裹的丝帛与捆缚的丝带后,又见一层 1 厘米厚的松软物,这是否为铺在棺外的丝被呢?因腐朽太甚而不知为何物质。

揭取松软物后,又看到棺外还有用粗麻绳捆缚的现象。在棺盖板顶部四周有 10 个缺口,其中南、北侧各有 3 个对称的缺口,东、西两侧各有 2 个对称的缺口。从麻绳的捆缚情况分析,当年是先捆缚南北向的 3 道(每道 4 根,每根的直径约 2 厘米)粗麻绳,再捆缚东西向的 2 道(每道 3 根)粗麻绳,为防止捆缚时粗麻绳滑动,每道粗麻绳均经过对称的缺口。《墨子·节葬篇》记载道："禹葬会稽，铜棺三寸，葛以绷之。"《礼记·檀弓上》也记载道："棺束缩二横三。"这个棺外粗麻绳的捆缚情况，恰与这些文献记载相符。每根粗麻绳在内棺盖板与四壁板交界处，打一个五花绳结，盖板顶部的6处粗麻绳纵横交错处，还用四方形的粗麻绳套将其固定；棺盖板与南、北侧板为凸弧形厚木板，用粗麻绳不易捆紧，因而在盖顶的粗麻绳下面，还插入9块小木楔将麻绳绷紧。我们更认为这个不同一般，总觉得这个墓里面有很多使人觉得很奇怪的现象，总认为这个墓里不同凡响，总认为这是个好兆头。

我们处理了麻绳以后，揭开棺盖时，我跟杨定爱两人都傻了。怎么没内棺呢？墓主正仰身直肢躺在棺内，头朝着墓道这边（也就是向东这个方向）。

棺里随葬品主要有兵器和服饰器，而且墓主头顶和骨架上下放置玉环、玉瑗、骨珠和陶珠等，头部左侧有1件大型错金银铁带钩，骨架右侧置1件漆木弓和4件带杆的铜镞，左侧有青铜剑和铜削各1件。这些均为墓主心爱之物，其中不乏珍品。

大型错金银龙凤纹铁带钩［图5］，由龙首形的钩首、扁平宽薄而成弧形的钩体和凸圆形的钩钮三个部分组成。龙首用金片和金丝嵌龙

图5　错金银龙凤纹铁带钩

的眼、耳、鼻、嘴；龙颈两侧用金丝嵌饰卷云纹，颈背用金片和金丝镶有圆卷纹等纹样。钩体的周边用金丝镶嵌一周，并从中部分成两组基本对称的图案，即用金片嵌成凤纹，凤的周围又用金片和金丝镶嵌卷云纹，使凤鸟如飞似动，非常美观。在每个凤纹之间，又用银片错出变形鸟纹图案，使整个画面复杂多变而又有规律，显得金光灿灿银光闪烁。背面也用金丝嵌边一周，中间无花纹。尾部用两道银丝将画面分成4个大菱形花纹与6个大三角形纹，并在大菱形纹与三角纹里用金片、金丝与银片、银丝错嵌成圆卷纹等图案。头端用一道金丝分成6个不等边四边形，又用金片、金丝嵌出圆卷纹等纹样。2个凸圆形的钩钮上，也用金丝镶有圆圈纹；还用银丝镶成云纹图案。带钩的3个侧面均用金丝错成云纹等图案。带钩的弧长46.2厘米、宽6.5厘米、厚0.5厘米。这么宽大而制作精美的错金银铁带钩，是迄今仅见的。它并非日常作束带之用，而是作为珍宝置于棺内，表示墓主的高贵身份。

我们清理的墓主左侧的青铜削，原系插于漆削鞘里。铜削的削身成弧形，背厚而凸，刃薄而锋利，长条形把，环形首，素面，通长27.4厘米。漆削鞘为夹纻胎，通体髹黑漆，并用红、黄、金色彩绘花纹；正、背面的尾端与背面头端绘变形鸟纹、点纹等纹饰；正面的头端绘双凤纹、卷云纹和点纹，有的线条细如发丝，长29.8厘米。

现在人们把笔、墨、纸、砚称为文房四宝，但在我国古代尚未发明纸之前，整套文书工具却是五样——笔、墨、空白的竹木简牍、砚和铜削刀，所以可将其称为文房"五宝"。铜削刀在当时的文房之中，就像现在用橡皮可以擦去铅笔写在纸上的错字一样；当年用毛笔在竹木简牍上写字，写错了就用铜削刀刮去重写。1972年我主持发掘的湖北云梦大坟头1号汉墓出土的一件木牍上，就发现写错的墨书文字被刮掉的情况。在我国古代，不是把办理文书的官员叫作"刀笔吏"

吗？其由来盖出于此。所以，铜削刀也是当时文房必备之物。这件铜削出土时与青铜剑紧邻，可能还表示墓主是位文武双全的贵族，所以方能"出入侍王"。

考古学的最大魅力就在于真相就在你眼前，就看你如何去破解它。就像福尔摩斯探案一样，考古人员必须具备各方面的综合素质，才能一步一步地接近真相。"案情是非常复杂的"，稍有闪失，真相就可能离你而去。随着清理工作的继续，天气越来越冷，但我们也没降低发掘的热情。就在这时，一件意想不到的事情发生了，大家一下子又激动起来。

为了尽快清理内棺，我们提取插于黑漆木鞘里的青铜剑当时并未打开；而是连同棺内其他文物一并交给临时库房的管理员。墓主的骨架保存完好，清理骨架时发现其上下有玉环7件、玉瑗2件、骨珠10件、骨碟2件。小件文物很快清完，并与包装好的骨架一并运到临时库房保管。墓主的性别与年龄，先后请武汉医学院（今华中科技大学同济医学院）人体解剖教研室与李天元先生鉴定，其结论是：墓主为男性，年龄近30岁，身材较矮。其体质特征可能较接近于现代华北人类型。

（四）剑之主人

第二天上午，我与杨定爱清理内棺雕花板上的竹席，共有3张小竹席，先铺东西两边的竹席，最后铺中间的竹席，其两端分别叠压于东、西竹席的一端。正准备揭取竹席时，国家文物局派胡继高先生到工地指导漆木器保护工作，他在清洗棺里那件经我手取出的青铜剑时，发现这把剑不仅十分精美，而且剑身上还有两行八个字，字体很奇异。他们不认识，要我马上到库房来看。我与杨定爱立即到库房，看到这件青铜剑都十分惊喜，它确实太精美了。这件青铜剑的剑首向外翻卷成圆盘形,首内铸有11圈同心圆。圆茎空心,靠近剑首处略粗大,近格处较细小。广格,格的正面用蓝色琉璃、背面用绿松石镶嵌成美丽的几何花纹。剑身较宽,中脊起棱,无从,两锷垂末微弧。整个剑身的两面均满饰黑色的菱形花纹,近格处有两行八字铭文。保存非常完好,刃薄而锋利。出土时,插于剑鞘里,在剑茎近首处还夹有两块弧形木片,但未见有缠缚的丝线。剑身长45.6厘米、宽4.6厘米、格5厘米、茎长7.9厘米、首茎4.3厘米,全长55.6厘米。记得在北京大学读书时,高明先生在古文字课中曾谈吴越地区的鸟虫书,剑上铭文的字体就与鸟虫书十分相似。仔细观察有些字还能认识,有些字却不认识。于是,马上将情况向在工地指导工作的著名历史学家、时任湖北省文物管理委员会副主任方壮猷先生和谭维四队长汇报。同时,也将这个情况告诉在边箱清理的郭德维和陈恒树。此前湖北省尚未发现有铭文的青铜剑,所以大家很快都赶到了库房。

经过大家仔细辨认,认出了其中六个字:"越王","越王"后面两个字不认识,"自作用剑"〔图6〕。另外两个字是什么字呢?大家都

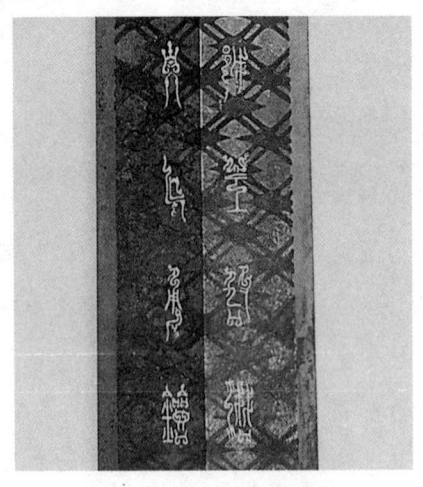

图6 越王勾践剑剑铭

明白，这两字应该是越王的名字，但到底是谁呢？方壮猷先生是留学日本与法国的，而且当过我们湖北省文化局的局长，也是武汉大学的教授。他说，这两个字是"邵滑"，是越王无疆的儿子越王玉，同时认为这个墓，就是越王墓。

但是大家不同意，搞考古的都清楚，墓中出土的文物都是楚国的文物，而不是越国的文物，怎么是越王墓呢？所以大家争论不休，难于达成共识。后来方老说，你们赶快给剑照相，给铭文做拓片、临摹，我来给郭沫若先生等写信。1965年12月28日至1966年元月上旬，他把看法跟这些照片、拓片、摹本等一起寄给郭沫若、唐兰、陈梦家、夏鼐、苏秉琦、于省吾、商承祚、徐仲舒等人，可以说是寄给了考古学家、历史学家、古文字学家，也是全国最有名的一些学者。请他们作进一步的释读。

1966年1月5日、6日，唐兰先生在这两天的信上明确讲，这两个字是"鸠浅"，也就是勾践。1月8日、10日，考古所的陈梦家先生，也写信说这两个字就是"鸠浅"，也就是勾践。

后来，考古所所长夏鼐先生也来了两次信，这两个字应该是"勾践"。这个问题已经解决了。但是从考古学的角度，这把剑的发现，只能说明这个墓年代的上限，最多是战国早期，不可能更早。它的具体的年代是什么时候，必须通过对此墓中发现的铜器、陶器进行研究来确定。陈梦家先生后来在第三封信中还专门说，这个墓不是越王墓，在江陵发现，应该是楚王族的墓葬，或者是楚国贵族的墓葬，时代是战国早期。夏先生也同意这个墓不是越王墓，在江陵发现应该是楚王族的墓，或者楚国贵族的墓葬。

在考古发现的青铜剑中，剑铭是判定剑的主人、年代等最重要的信息。当时著名的历史专家、考古专家、文字专家都认定，这把剑上的越王后面两个字是"勾践"。方状猷先生把各方面专家的回信做了整理以后，他放弃"邵（音同'绍'）滑"的看法，也认为是"勾践"。同时，方老又重新把照片放大，在 2 月 10 日给郭沫若先生写了一封信，听取郭老的看法。很快，郭沫若先生在他的回信中明确地说："越王剑，细审确是勾践之剑。"可谓是一锤定音。

一场关于勾践剑铭文的盛大笔会，终于落下了帷幕。也就是说，这把剑的主人就是越王勾践。

二、青铜剑的兴衰

青铜剑，在古代冷兵器时代，是一种重要的武器。那么，我国是什么时候开始铸造青铜剑的？它的发展历程又是怎样的呢？

（一）铜剑之始

根据《史记·黄帝本纪》记载，黄帝曾经在首山上采铜，而且铸造了青铜剑。如果依照《史记》的记载，黄帝时期就应该有青铜剑了。但是，在全国的考古发掘中，至今没有见到史前黄帝这个时期的青铜剑。也就是说，黄帝时期是否已经有青铜剑，尚有待于今后的考古发现才能证实。

（二）护身兵器

20 世纪 80 年代，内蒙古的考古学者在朱开沟一带发现了大量的青铜器，其中有不少商代晚期的青铜剑。这种剑一般都比较短，长度都是 20 多厘米，不超过 30 厘米，这就是商代晚期中国北方典型的青铜短剑。

甘肃的白草坡，陕西的宝鸡竹园沟、宝鸡茹家庄、长安张家坡，北京的房山琉璃河、昌平白浮，河南的平顶山和湖北的叶家山，都发现了西周早期的青铜剑。这种剑的形状像柳叶，所以大家称它为柳叶形剑。这种剑也是比较短，一般不超过30厘米。它的剑柄上有一两个孔，外头包上木头，作为剑柄，可用手握着用。这个时期有很多剑还发现有剑鞘，这种剑鞘是木头做的，外头包薄铜片，非常精美。

在河南的上村岭虢国墓地发现了一种西周晚期到春秋早期的青铜剑，全长39厘米左右，它的剑脊跟剑茎是一根连续的圆柱体，没有分界线，所以大家称它为"脊柱剑"。这种剑的长度变长了，说明当时的冶铸工艺发展了，铜的提炼程度更高了。而且，随着时代的发展，青铜剑有了很大的进步，脊柱剑是青铜剑的一个发展。

当然，不管是商代，还是西周，包括到春秋早期，这类剑都比较短。当时各诸侯国互相攻战，盛行车战。车战主要使用戈、矛、戟、殳等长兵器。而剑都比较短，并不是主要的作战兵器。这些兵器都出现在少数的高级贵族墓中，所以说这种兵器应该是高级贵族的护身兵器。

（三）空前鼎盛

春秋晚期至战国时期，各诸侯国相互兼并的战争频繁，精良的兵器大量出现。由于骑兵和步兵在当时的战争中越来越起着重要作用，青铜剑这种较先进的短兵器就显得相当重要。因此，青铜剑发展迅速，铸造精良，式样增多，数量巨大。它是当时士兵必备的兵器，而且社会上佩剑已经蔚然成风。那时是我国青铜剑发展的鼎盛时期。

据传出于洛阳金村的一件错金银铜镜上，见到战国时期骑兵全身披挂，手持青铜剑作战的图像。在河南汲县山彪镇1号墓出土的水陆攻战纹铜鉴上，可以清楚地看到，青铜剑是这个时期士兵必备的一种武器。无论是守城的弓箭手，还是手持长矛、长戈的步兵，腰间都佩有青铜短剑。无论是左手执盾右手执剑的攻城步兵，还是左手执盾右手持长戈或长矛的攻城步兵，左腰都佩有青铜短剑。水上乘舟攻战的士兵，左腰也都佩有青铜短剑。1965年，在四川成都百花潭中学10号墓出土一件战国嵌错画铜壶，其上水陆攻战的画面中有数十人左腰都佩有青铜短剑，其中有的佩剑而舞，有的持剑格斗，有的佩剑习射，其实舟战图像中也有持剑阻敌者。

目前考古发现这个时期的青铜剑数以千计，是当时最多见的一种兵器。在湖北江陵天星观1号墓，就出土了32件青铜剑。江陵望山2号墓的墓主是女性，墓里却出土7把青铜剑。在江陵有很多小墓，一个墓里面只出一件文物，而有好多墓出土的是青铜剑。它反映了这个时期青铜剑的发展之快和地位之高。

当时有没有著名的剑客呢？《吴越春秋》就记载有著名剑客越女与袁公的故事。在越国南林的深山密林里，有个处女。她自幼就非常喜欢研究剑术。越国人说这个处女武艺高强。越王勾践知道后，派使者去请她。在赴王宫途中，处女碰到一个自称为袁公的老人。这老人说："我很想看看你的武艺到底怎样。"处女说："可以。"袁公就近拔起一根竹子，竹子上面一段已经枯萎了，一拔这个竹梢子就掉到地上，处女飞快地把它捡起来。袁公拿竹桿连刺她三次，她都躲过了。处女拿竹梢子，"啪"一下刺他，袁公立即飞跃上树，变成一只白猿。这个传说有点神话色彩，但它反映当时武林里有很多高手和著名剑客。处女到了王宫以后，勾践就问她："你的剑术怎样？"她先谈了很多大道理，最后说："如果你用我的剑术，可以一个人抵挡一百个人，一百个人可以抵挡一万个人。"勾践听后非常高兴，立即赐给处女名号，称她为"越女"。并命令各部队的队长来跟她学，然后再教给士兵。后来，勾践的军队战斗力很强，跟越女训练他的军队是分不开的。

我们再谈谈这些剑。剑不仅仅是士兵必备的武器，而且佩剑已经蔚然成风。据《左传·宣公十四年》记载，楚庄王派使者到宋国，宋国人把楚国使臣杀了。楚庄王在寝宫里听说后，拂袖飞跑出宫，准备亲自带部队去攻打宋国。他的侍从赶快捧着鞋跟剑追赶他，楚庄王在寝宫门内才穿上鞋，在寝宫门外才佩上剑，到市上才登上车。吴季子挂剑的故事，大家都非常熟悉，就不多说了。还有很多处士士这个阶层的人，就是身无分文，也要佩剑以表示身份。所以佩剑在当时社会上已经成为一种时尚。

我们再谈谈青铜剑的铸造。在《考工记》的《桃氏为剑》这一节中，详细地记载了剑的铸造方法。而且《考工记》还记载了做各种器物的铜与锡的合金成分，也包括剑的合金成分，这是对当时铸剑工艺的一个总结。

现在的人们再做进一步的研究。当时春秋时期铸剑有一种新工艺，叫复合工艺。上海博物馆、台北故宫博物院的学者，他们根据东周的一些青铜剑做了一些研究。这些剑是怎么铸造的呢？先是剑脊这部分含铜量比较高。剑是一种直刺的兵器，不是砍的兵器，为了保持它有一定的硬度跟强度，所以剑脊含铜量高，先铸剑脊。然后再铸剑身跟剑刃，剑身与剑刃含锡比较高，这样比较锋利。这就叫作复合工艺。学者对这种工艺已研究得很深入了，我这里就不多细谈了。大家如果有兴趣，可以看看他们的研究文章。

《考工记》还记载，吴越的剑最出名，到底是什么原因？我想主要有以下两个方面：

第一，吴越的地理环境。地气所在，其他地方没有这种地气。《考工记》就讲，把吴越的青铜剑铸造迁到其他地方去，就不可能是这样子的，也就是说它跟地气与地理环境有关系。

第二，吴越的铜矿可能比较好。当时经过冶炼也很难把铜中的杂质除掉。如果它的铜矿比较好，杂质就相对少一点。所以名剑跟优质铜矿有关。

当然，由于这两个原因，出现了很多有名的铸剑大师。当时的吴越地区，又叫作宝剑之乡，闻名天下。

谈到吴越是宝剑之乡，我们现在所发现的吴越带有"王"名字的剑到底有多少？我初步统计一下，总共110件。其中吴王剑37件，越王剑73件。在所有的吴越名剑中，又以越王勾践剑最为精美绝伦。

三、天下第一剑

从1965年发掘到现在，不管是国家领导人还是外国政要到湖北省博物馆参观，越王勾践剑都是必看的文物之一。很多游客不远千里，到湖北省博物馆一睹它的风采。有许多电视专题片和纪录片，也以它为主要题材。还有一些考古研究文章和通俗读物，都以它为主题。这是为什么呢？答案还得从越王勾践剑本身来寻找。

1965年考古发现后，我曾经仔细观察与研究越王勾践青铜剑，发现它有六大显著特点。

第一，保存非常完好，没有丝毫损坏。

在山西原平发现的吴王光剑，剑刃有些残缺。已发现的东周时期吴越名剑有些也有残缺。而这把越王勾践剑，至今仍保存完好无损。

第二，寒气逼人，光泽耀目。

这把剑因为深埋密封，保存比较好。当时还套在剑鞘里面，减少受氧气的感染，所以光泽耀目。这个时期的很多青铜剑出土时，光泽都不怎么好了。这把剑经过了50多年的展出，接触空气以后，它的光泽多少消退一些，当年挖出来的时候，真是光泽耀目，寒气逼人。

第三，剑刃薄，锋利无比。

1977年，党中央准备在1978年召开全国科学大会。因为中国经历了十年的"文化大革命"，我们科研的各方面都相对落后了，倒退了很多年。为了鼓励科学家们赶超世界先进水平的决心，决定由中国纪录片厂拍一部《古剑》专题纪录片。当时，拍越王勾践剑，是在湖北省博物馆一个小接待室里面。馆长陈国钊拿着剑给大家展示。最后还有一个镜头，叫我拿30张纸摆在桌上。编导说："你划一下子，看剑到底有多锋利？"当时我也还年轻，三十几岁，用力一划，把大家惊呆了。怎么回事呢？30张纸我划破了二十几张。没想到2400多年以后，这把剑还如此锋利无比，真是不可想象。

第四，造型与花纹优美。

如果大家细看，就会发现这把剑的剑格的正面是用琉璃装饰的花纹，它的背面是用绿松石装饰的花纹，而且都是几何纹，非常精美[图7]。琉璃就是现在的玻璃，玻璃在那个时期应该有两种：一种是国产的，另一种是波斯过来的。一些科学家对它进行研究，认为这件勾践剑上的琉璃应该是波斯所产。而且在河南固始发现一座吴国墓葬（可能是吴王夫差老婆的墓葬），也出土了很多琉璃。那么，为什么琉璃能从波斯到吴越呢？我国沿海地区是不是当时已经开辟了海上丝绸之路？这个问题还要进一步地研究。一般剑上只有绿松石。用琉璃镶嵌的剑，现在只有唯一的一把，就是越王勾践剑。所以，利用琉璃作为剑的装饰，弥足珍贵。勾践剑的剑身上面还满饰有带云朵的菱形花纹，非常美观。

图7　越王勾践剑剑格

从这件勾践剑的造型分析。当时众多的青铜剑,剑身是笔直的,从剑身到剑锋也是直的。而越王勾践剑的剑身至剑锋是呈弧形的,紧接着剑身还反弧一下。这个曲线美是造型美啊,虽然非常简单一个剑的造型,但是它有这么一个曲线就会使人觉得非常优美。

所以从造型、花纹来讲,这把剑是非常优美的,具有很高的艺术价值。

第五,铸造与防锈精工。

在我国考古发掘与传世的110件越王和吴王青铜剑中,无论是从剑的完好无损,还是其锋利程度与造型花纹优美,越王勾践剑都当仁不让。除了上述因素外,越王勾践剑还具有其他青铜剑不具备的条件,这才是越王勾践剑独一无二的优势。

前面我讲过,在春秋晚期,中国第一部手工业专著《考工记》在《桃氏为剑》一节中,详细地记载了青铜剑的制作方法,是当时青铜剑铸造技术的总结。这把剑是怎么铸造的?早年有的学者认为勾践剑是采用复合工艺,因而是件复合剑。当然,因为当时没有科学测验,这只是一种猜测而已。

1977年,当时《古剑》摄制组要求把这剑跟同墓的那把边箱出的菱纹剑一起带到上海复旦大学去做科学检测。当时,经省委书记陈丕显先生批准,领导派白绍芝先生跟我两个人带这两把剑坐飞机到上海检测。

科学家用什么方法对勾践剑进行检测呢?当年科学家使用的是"质子X荧光非真空分析"。这是什么样的分析呢?在二楼上面设有一个很大的加速器,质子探针加速了以后通过管道下来,直接到勾践剑上面进行无损伤的检测。他们说这种质子探针,如果穿透到人身上,人就没命了。但是,这个反射对青铜剑一点儿损伤都没有。

依据检测的结果,科学家最后出了报告。这个报告明确地说,剑刃跟剑脊的含锡量都是16%~17%，这是铸造锡青铜剑的强度最高的成分，并具有一定的延伸性。可以认为勾践剑使用了合理的锡的成分，反映了当时广泛受到称赞的吴越铸剑技术的高超水平。这把剑为什么好呢？它的合金成分非常好，所以才能够成为一把名剑。

关于剑身上的花纹，到底是什么样子，大家很关注这个问题。勾践剑的剑身满饰有双线花纹，交叉处有边缘不规则的云纹双层花朵呈暗灰色，比剑身表面略低，可以在直纹与剑刃磨口处看出［图8］。花纹的制作方法尚待研究，可能采用了人工氧化的方法，经过长期埋藏液浸后，氧化锡含量提高，氧化铜下降。而检测的结果显示，花纹处硫含量微高于剑身与剑刃处，表明在处理时可能使用了硫化物，得到黑色或暗灰色的硫化铜，但也可能是表面氧化层受到硫化物污染所致，目前尚无足够的证据确定是使用了硫化的办法。

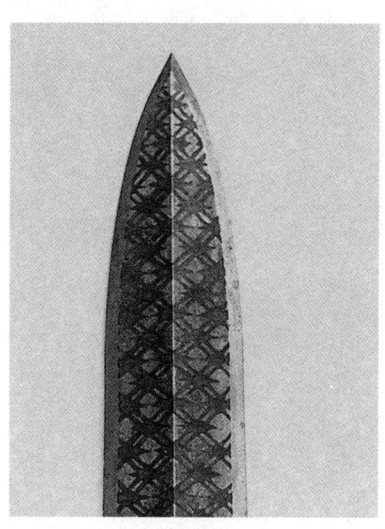

图8　越王勾践剑剑身花纹

剑格使用了含铅量较高的一种合金制作，流动性能比较好，便于铸造剑格上面的花纹装饰。从检测来看，这个剑格的表面硫化物的量也比较高，这有两种可能：一种可能是在处理的时候，有一些硫化物在上面。另一种可能是使用硫化物或含硫的氧化剂，并认为可能是人工氧化处理的办法。但也不敢肯定说是用了硫化工艺。因为没有非常充足的证据来说明，有可能还有其他的工艺在里面，经过检测才能够说明这个花纹是怎么做的。

台北故宫博物院有一件奇字纹剑。他们的研究者认为，它就是用复合工艺铸造。越王勾践剑这种花纹，也是用复合工艺。所谓复合工艺铸造，就是两次铸造，第一次铸剑，第二次铸出剑上花纹。关于它的花纹形成，现在还没有最后的定论，有待于进一步研究。

当然，这些情况说明，越王勾践剑的铸造技术确实很高明，反映了它所具有的科学性是很强的。

第六，越王勾践的重要遗珍。

越王勾践是显赫一时的历史人物，这个大家都清楚。当时在我国的长江下游，有两个国家，一个是吴国，另一个是越国。吴国都城是一直在变的。到吴王阖闾的时候，吴国都城在什么地方呢？在无锡跟常州之间的阖闾城，这个城有内外城，而且基本上它跟楚城的做法差不多，四个拐角都是切角。到吴王夫差的时候，都城又从无锡搬到什么地方了？搬到了苏州，也就是现在苏州的吴王城这块地方。

越国的都城在哪里？在浙江绍兴。吴国和越国这两个国家因为是邻国，存在争土地的问题，经常闹矛盾。越王勾践的父亲允常死后，阖闾就想趁机攻打越国。勾践知道后，带精兵用计谋把阖闾打败了，而且阖闾受了重伤，回去就死了。夫差很生气，誓报父仇。他加紧练兵，准备报杀父之仇。勾践知道以后，想先发制人，心想：你要报杀父之仇，我还不如把你先打败呢，就带兵去打。

没想到被夫差打得大败，勾践被困求降。夫差不同意。勾践当时很生气，想决一死战。后来他的大臣讲："现在不能打，而是要用美女与珠宝买通吴国的宠臣。"然后夫差允许勾践投降。后来勾践回到越国都城绍兴，卧薪尝胆，休养生息，奋发图强。吴王夫差打败了越国以后，每年越国要向他进贡很多东西，吴国国力大增，非常强盛。吴国也想争霸中原，就带精兵到封丘去跟诸侯会盟，只留一些老弱的士兵驻守本土。勾践知道后，乘虚而入，打败了吴国，把吴王夫差的太子杀死了，而且掠夺了很多财富回来。四年以后，吴越又打了一次，吴国大败。第三次交战，最后吴王夫差被逼到山上，夫差向勾践求降，勾践不同意，夫差因而引剑自尽。吴国就这样被越国灭亡了。

那么，勾践又给后人留下了什么遗物？目前，只有三件东西，都是青铜剑，其中两件是传世品。目前学术界有两种不同意见：有的学者将剑铭释为"越王之子勾践剑"，还有的学者将剑铭释为"越王勾践之子剑"。但是，真正经过考古科学发掘出来他的遗物，就是江陵望山1号墓的国宝级越王勾践剑。这件勾践剑是反映越王勾践的历史以及吴越关系与楚越关系的一件重要文物。所以，这把剑具有重要的历史价值。

越王勾践剑既有艺术价值，又有科学价值，还有重要的历史价值。这使它不愧被誉为"天下第一剑"。

四、流入楚国之谜

越王勾践因卧薪尝胆而彪炳史册，几乎是家喻户晓的人物，他的经历常被当作励志的典型教育后人。就是这样一位传奇人物，他的随身宝剑却出现在楚国贵族墓葬当中，这实在让人大惑不解。那么，湖北江陵望山1号墓的墓主是楚国的哪一位贵族？越王勾践剑又为何出土自楚国贵族的墓葬中呢？

越王勾践剑发现以后，很多人对越王勾践剑为什么不在越国的故土被发现，而在楚国的一个贵族墓当中发现，撰写了很多研究文章。我把它们归纳为两种不同的观点，即战利品说与馈赠品说，归纳如下：

（一）战利品说

这种观点认为，它是作为楚国把越国灭亡以后的战利品，流入到楚国来的。

在战利品说中，又有两种不同的看法：

第一种看法是邵滑说。

望山1号墓的墓主是谁呢？根据竹简的整理与研究，认为在竹简上有14处记载这个墓的墓主叫邵固。那么邵固是谁呢？有一种看法认为，墓主邵固就是史书上记载的邵滑。

邵滑是楚国历史上一位重要的人物。他在楚怀王十五年以前，就是楚国的一位老练的外交家。在齐破燕后，曾经担任联合赵魏伐齐的重要使命。随后，又被派到越国，长达五年之久，其主要任务就是从事离间活动，致使越国内部大乱，楚国趁机出兵，把越国灭了。可以说，邵滑是楚灭越的第一大功臣。

其中，有两位学者，一位是中山大学的，另一位是厦门大学的，他们从不同的角度，一个是从墓主跟竹简的关系，另一个是从墓主跟越王勾践剑的关系，分别进行分析。他们都得出墓主邵固就是史书所记的邵滑这个人的结论，而且认为这个墓的年代是楚灭越以后。

他们认为，越王勾践剑是显赫一时的勾践的用剑。勾践死后，必定把他的剑作为国宝放到他的国库里面，不会随便流到外地去。只有楚国灭掉越国以后，这个剑才必然被楚人所得。邵滑得到了这把剑，他死后此剑随其葬在墓中。

这种看法对不对呢？我曾经于1980年写过文章，从四个方面做了论述分析，现概述如下：

第一，从职位、经历和年龄方面分析。望山1号墓的竹简记载，这个墓主邵固年龄在25岁到30岁之间，而且他一直在占卜：病能不能好，能不能得到爵位，能不能得到职位。这些占卜内容说明邵固是位没有职位与爵位的人。但是，邵滑已经是一个很老练的外交家了，在齐国攻打燕国的时候，当时楚跟魏这些国家联合起来合力攻打齐国，他是楚王派出去的使者，跟各个国家进行联系。而且在楚怀王十八年的时候，又派他到越国去，用五年时间把越国搞乱，到楚怀王二十三年，楚国把越国消灭了。这个人的经历很清楚，级别至少是上大夫到上卿。因此，从经历、职务、年龄等方面分析，墓主邵固绝对不是史书所记载的邵滑。

第二，从墓葬规模跟随葬品角度分析。在湖北，已明确墓主身份的墓，像天星观1号墓，这个墓主是楚国一个潘姓的封君，他的墓的规模与望山1号墓差别很大。他的墓葬规模多大？墓口长、宽均为40多米，而且椁室里分为7个室。望山1号墓的墓口长16.1米，椁室里只有3个室。就是包山2号墓，墓主是当时楚国主管司法的官员，墓的墓口是33×32米，椁室里又分5个室，也与望山1号墓不一样。从随葬器物来讲，天星观1号墓有编钟、编磬等。望山1号墓随葬品少，也无钟磬。两者差别太大。所以，从随葬品跟墓葬的规模分析，两座墓也不相符。因此，望山1号墓的墓主不会是邵滑。

第三，从所处的年代分析。邵滑主要活动在楚怀王时期，特别是楚怀王十八年以后。根据朱德熙先生他们的研究，望山1号墓的年代定在楚威王时期或楚怀王前期比较合适。因此，这个墓主与邵滑所处的年代也不一样。

第四，从名字通假问题分析。邵固与邵滑的姓相同，但名不同。虽然"滑"字在上古是入声，"固"字是去声，两字同属于声母；但是，"滑"字上古在术部，"固"字在鱼部，两字的韵母不相同，是不能通假的。所以，这座墓的墓主邵固，并不是史书所记载的邵滑。

从上述的四个方面分析，望山1号墓的墓主邵固，并不可能是史书所载的邵滑。所以，邵滑之说也失去依据。

2009年，2300多年前的楚国大臣邵滑，却悄悄地向人们走来。

这是怎么回事呢？

考古发掘中，往往有一些让人意想不到的事情发生。2009年，湖北省文物考古研究所在配合南水北调工程的子项目"引（长）江济汉（水）"工程中，在荆门市沙洋县严仓发掘一座大型楚墓，墓口长34米、宽32米。其葬具为一椁三棺，木椁室又分五室。这座墓由于多次被盗，墓中的随葬品被洗劫一空，只残存两批竹简与极少的小件器物。庆幸的是墓坑外的一个器物坑，保存了一批青铜器。

根据出土的竹简记载，这座墓墓主是楚国大司马邵滑，也就是史书所记的楚国灭越的大功臣邵滑。这次考古发现进一步证实了望山1号墓的墓主邵固并非史书所记的邵滑，并有力地证明"邵滑说"是不可信了。

第二种看法是小墓说。

有的先生从江陵发现的四件越王剑：一件是望山1号墓的越王勾践剑，一件是藤店1号墓的越王州勾剑，在江陵官坪发现的越王剑，在张家山发现的越王剑。这些越王剑的墓葬规模都不大，墓主的身份都不高。所以，他认为最大的可能就是战利品。到底对不对，能不能以墓葬规模大小作为标准来衡量是战利品？试作如下分析：

在山西原平峙峪村发现一件吴王光剑［图9］，这位吴王光是谁呢？就是吴王阖闾，是他在没称王以前的名字。阖闾就是夫差的父亲。山西原平发现这把剑的墓，墓葬规模也不大，出土的器物不到100件，墓主的身份，山西考古工作者断定是士卿大夫的等级。如果是按照这个墓葬规模不大,墓主的身份不高的观点,这件吴王光剑也应该是战利品。

图9 吴王光剑

可是不然。关于当时晋国跟吴国的关系,在《史记·吴太伯世家》《吴越春秋》都有很多记载。吴国跟晋国关系是非常好的,晋国还派人去教吴国人搞车战,而且晋国还嫁女到吴国去,并且两家派使者互访。(吴)季子挂剑,就是当时季子(即季札,春秋时代吴国公子)作为吴王的使者出使到晋国去的一个历史典故。所以两国的关系非常好,而且结成联盟一起对付楚国。它们之间没有打过仗,战利品从何而说呢?

从这里使我体会到一点,如果我们以墓葬规模小、墓主身份不高作为战利品的标准,是不太科学的。应该以什么为标准呢?从这件吴王光剑,我受到启迪,觉得在论证越王剑是战利品时,我们还要注意文献的记载,看两国的关系怎么样,再作判断,即楚国和越国的关系如何。从史籍记载来看,楚国和越国在楚威王时期,两国关系还是很密切的。越王勾践卧薪尝胆,灭了吴国以后,越国的疆域不断扩大。到了楚怀王时期,越国仍然十分强大,楚国无法采用武力征服越国,于是才派邵滑到越国制造内乱,这才将越国消灭。

楚国什么时候灭掉越国的呢?这个文献记载很多,有各种不同的说法,主要有楚威王说与楚怀王说两种不同说法。

在魏襄王的时候,也就是公元前311年,越王还派使者给魏国送了很多东西,主要有船300只、箭50000支,还有其他的一些珍贵的东西。这就有力地说明了，在公元前311年越国还存在。

再一个，大家想一想，如果越国已经都散了，没有力量了，那么为什么楚怀王在十八年的时候，还要派邵滑过去把越国的国家搞乱以后，才去攻打越国，把越国灭了呢？如果越国的力量非常弱，楚国历来是以武力征服其他国家的，为什么不直接打，而是要把它搞乱以后再打呢？说明当时越国在楚怀王十八年的时候，力量还是相当强的。

那么，楚怀王二十三年是什么时候呢？正好是公元前306年。杨宽先生在《战国史》这本书的"楚怀王灭越"这一节，就讲得很清楚。因为秦武王到洛阳举鼎，扭伤致死，所以秦国开始了争王位的内乱，没有精力再对外发动兼并战争。当时，赵国就想灭掉中山国，楚国想灭掉越国。正好没有秦国侵略的后顾之忧，楚怀王才在二十三年，把越国灭了。

很多考古发现也证明了这一点。在河北平山的战国时期的中山国遗址，在王墓里面发现了一件铁足铜鼎，在铜鼎上面有77行铭文，每一行有6个字，在最后一行是1个字，将近500个字。其中就谈到了吴跟越的问题，即吴国先打败了越国，越国后来又把吴国灭了。所以他教训后代子孙，要时时注意周边国家对自己国家安全的威胁。

这个鼎的年代是公元前314年，也就是说，在公元前314年越国还存在，而且力量还很强。所以楚灭越的时间应该是公元前306年，这是比较可信的。同时，这个考古资料也证明楚灭越的年代不是公元前333年。

楚跟越的关系，楚灭越的时间，是我们判断它是战利品，还是馈赠品的关键。望山1号墓是在楚怀王前期，楚怀王总共在位27年，如果前后以十四年为一个界限，二十三年也是在后期的。凡事不能够一概而论，必须要进行具体的分析。

虽然我们说望山1号墓中的陪葬品不是战利品，但是也不能说，73件越王剑，都不是战利品，必须逐个的具体分析。有些传世品咱们没办法了。但是，从总体分析，有些应该是战利品，有些是馈赠品。当然，越王勾践剑葬在望山1号墓，其年代在楚灭越之前，我认为不应该是战利品，而应该是馈赠品。

（二）馈赠品说

从各种推理上来说，越王勾践剑不可能是楚国灭亡越国的战利品。那么，如果不是战利品的话，越王勾践剑又是如何流入楚国人的墓葬中呢？这把剑极有可能是越王勾践的馈赠品，那么这个观点又如何解释呢？

关于这个观点，目前也有两种看法。

第一种看法是嫁女之说。

据《史记·楚世家》楚昭王二十七年，楚惠王八年以及《史记·伍子胥列传》都记有楚昭王娶越女，其子章，后为楚惠王。"越女"只是越国女子之泛称。那么，越女是谁？是位貌美的越国女子？还是越国某王公贵族之女呢？还是……

越女之谜，我们终于在《渚宫旧事》卷二中找到答案。《渚宫旧事》记载道：

　　越姒者，越王勾践之女，昭王聘为妃。……乃立越姒之子熊章，是为惠王。

春秋战国时期，各诸侯国为了加强相互之间的关系，嫁女与派使节访问等方式，都是比较多见的。楚昭王娶越王勾践之女为姒，意在联越以图吴。越王勾践将女儿嫁楚昭王，旨在联楚以抗吴。因此，当年越王勾践必然准备了数量众多的青铜礼器、玉器等珍贵的嫁女之器，还将他心爱的青铜剑作为嫁女之器，送给楚昭王。因此，这件越王勾践剑正是作为嫁女之器而流入楚国。这也是情理中的事。

第二种看法是亲楚之说。

据《史记·越王勾践世家》记载，"勾践自会稽归七年"听从大夫逢同的建议，在外交方面采取"结齐、亲楚、附晋，以厚吴"的策略，让晋、楚、齐三国与吴国相互征战，而越国可坐收渔翁之利。这时楚国正值楚惠王当政，也就是勾践的外孙当政。勾践在实施"亲楚"的外交时，很有可能将自己心爱的青铜剑送给楚惠王。

望山1号墓的墓主邵固，既不是楚昭王，也不是楚惠王，为什么越王勾践的青铜剑会随葬于他的墓中呢？

根据该墓出土的竹简得知，墓主邵固在祭祀祖先时，有柬大王、圣王、悫王等三个楚王的名字，而且其先后次序是固定的，说明是先后相连的三个楚王。《史记·楚世家》也有三个楚王：简王、声王、悼王，而且先后次序也恰好相连。因此，竹简简文所记的"柬大王、圣王、悫王"，就是简王、声王和悼王。先秦时代，可以把祖父的号作姓。邵固以楚悼王为氏，应是悼王之后。这与楚庄王之后以庄为氏的情况应是相同的。邵固在祭祀先君东邸公和王孙枭时，东邸公的名字紧连于悼王之后，因而是楚悼王之子。同时也是邵固这一支的始祖。王孙枭大概是东邸公之子，所以枭称为王孙。邵固虽是悼王之后，但不称为王孙，说明他的辈分低于王孙枭；与王孙枭相隔一辈的可能性最大，即悼王之曾孙。但他与楚王室的关系密切，竹简记载：邵固三次"出入侍王"。在他的棺内，有一把越王勾践剑，还有一把铜削，彰显他是位文武全才。他可能把楚王服侍得非常高兴，所以楚王为了表彰他的忠心侍候，把名贵的越王勾践剑赐予邵固。他死后就把剑殉葬于墓中，以显示其生前的功绩，这也是很有可能的。

当然，目前关于"战利品说"与"馈赠品说"这两种说法，只是我们根据现有材料的一种推测。到底越王勾践剑怎么会葬到湖北江陵望山1号楚国贵族墓中？最了解其身世的，应当是越王勾践剑自己。也希望大家参与这个讨论。

越王勾践剑它不仅铸造精良，而且出土后依旧寒光逼人、刃薄锋利，被誉为"天下第一剑"。它更重要的价值是什么呢？我认为它是跟随越王勾践历尽人间沧桑、卧薪尝胆、休养生息、奋发图强，把越国变成一个民富国强的国家的见证。这才是它的核心价值，也是越王勾践剑的"剑魂"。

(湖北省文物考古研究所　陈振裕)

越剑传奇

浙江省博物馆武林馆区越地长歌展厅里陈列着一柄青铜古剑。根据文物专家的鉴定,这是两千多年前越王勾践儿子者旨於睗所佩戴的宝剑。越王勾践卧薪尝胆的故事为众人熟知,可是他儿子的故事,人们却知之甚少。所幸者旨於睗留下来的宝剑有数柄,这让后人对他产生了极大的兴趣。那么这位越王所处的越国是怎样的?这柄青铜宝剑背后又有什么样的故事呢?以铸剑而闻名的吴越地区,它的铸剑技术有什么特别之处?本篇将带你走进宝剑之乡,领略越剑的神奇。

兵器，在出土及存世的越国青铜器中，是一个数量众多的大类，常见的有剑、戈、戟、矛、铍和箭镞，其中以青铜剑的制作最为突出，而青铜剑中的铸铭越王剑又代表着越国青铜铸造工艺的最高水平。《考工记》中记载：

  吴粤（越）之剑，迁乎其地而弗能为良，地气然也。

又说：

  吴粤之金锡，此材之美者也。

可见当时吴越之地具有上等的铜锡材料，故而能铸造出上等的青铜剑。

《战国策·赵策》中马服君赵奢也曾这样形容：

  夫吴干之剑，肉试则断牛马，金试则截盘匜；薄之柱上而击之，则折为三，质之石上而击之，则碎为百。

用吴越青铜剑可以断牛马，截盘匜①，可将木柱击折成3截，将石头击碎成百块。这些描述虽略带夸张，却充分体现了古人对吴越青铜剑的高度赞赏，因此吴越青铜剑在战国时期就已然成为各国竞相追求的宝物。

现存已知的铸铭越王剑有越王勾践剑［图1］、越王者旨於睗剑［图2］、越王不寿剑、越王州句剑、越王亓北古剑、越王不光剑等，其中越王者旨於睗剑发现了9柄，现在分别收藏于中国国家博物馆、

---

 ① 日常盥洗用金属器。

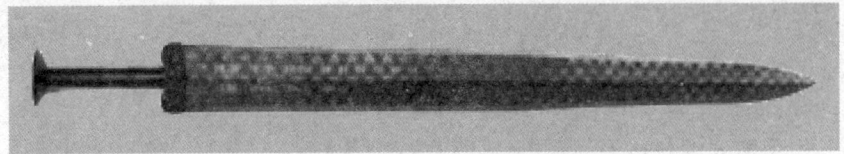

图 1　越王勾践剑

图 2　越王者旨於睗剑

北京故宫博物院、上海博物馆、安徽博物院、安徽寿县博物馆、浙江省博物馆等地。考古发现的有 3 柄，分别出土于安徽淮南蔡侯产墓、湖北江陵雨台山楚墓、安徽寿县西圈墓地。

浙江省博物馆收藏的这柄越王者旨於睗剑虽不是出土品，却是已知越王剑中保存最为完好的。全剑通长 52.4 厘米，剑体较宽，中部起脊，剑脊呈一条直线直至锋尖，左右剑从规整匀称，剑刃极薄，双刃略呈弧形于近锋处收狭。这是越王剑的常见形制。青铜剑经过使用或随葬后，受到腐殖质作用会产生氧化反应，出现物质沉积，形成以氧化锡为主成分的灰黑色保护膜，仔细观察我们在剑身局部能看到一些青黛色的锈层。但总体来说，此剑通体呈黄白色，历经两千多年的岁月，色泽依旧光亮如新，当之无愧堪称精品。

《吕氏春秋·别类》中记载：

> 相剑者曰："白所以为坚也，黄所以为韧也，黄白杂则坚而韧，良剑也。"

由此看来，这柄剑正是当时相剑者眼中的良剑。相剑者所谓的黄白色，跟合金配比息息相关。青铜剑剑体的材料是铜、锡合金或是铜、锡、铅的合金。越地有着丰富的铜、锡、铅等矿藏，至迟从西周时期起，便能自主开采与冶炼铜、锡、铅等金属材料。在冶炼青铜之前，须对铸造原料进行调配，这是决定青铜剑性能的关键环节。在一定范围内，青铜中含锡量略高，能提高合金的硬度和强度，但含锡量过高，则会使青铜合金变得脆弱易断。只有按照合理的比例进行调配，才能得到适于制作剑材的青铜。北京科技大学冶金史研究所研究人员分析指出，这柄越王者旨於睗剑合金配比堪称完美，所用铜锡的成分质地纯净，杂质极少，少铅无铁，含锡量在16%至18%之间，经过了铸造、磨削、抛光等多道加工工序，致使表面光洁无暇，体现了春秋战国时期越国铸剑师的高超技艺。

剑柄和剑身中间部分称为剑格，春秋战国时期越地剑的剑格除了铜质外，还有石质的［图3］、玉质的［图4］。多为宽格，即我们见到的这种"蝠形格"。越王者旨於睗剑剑格宽5厘米，正反两面分别铸有双钩鸟虫书铭文，正面为："戉（越）王/戉（越）王［图5］"；反面为："者（诸）旨（稽）［图6］/於（与）睗（夷）［图7］"。明确告诉我们剑的主人是越王者旨於睗，者旨於睗是越国的第三代越王，《越绝书》中称他"与夷"，《史记》中称他"鼫与"，《竹书纪年》中称他为"鹿郢"。越王者旨於睗是越王勾践的儿子，在位6年，虽在位时间不长，却留下了不少带铭文的兵器，精良的佩剑从侧面反映出当时越国的国力及冶炼铸造的规模和水平。

图3 春秋时期越剑石质剑格

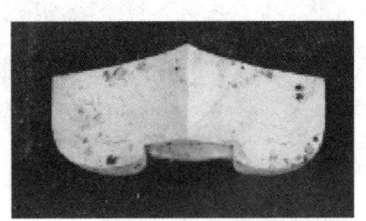

图4 春秋时期越剑玉质剑格

图 5　鸟虫文"戉王戉王"

图 6　鸟虫文"者旨"　　　图 7　鸟虫文"於睗"

鸟虫书，又称为"鸟篆"，主要出现在青铜器上，少数出现在青铜容器和礼器上，绝大多数发现于剑、戈、矛等青铜兵器上。这种文字繁丽复杂，是一种带有鸟头形象的图画文字，它以篆书为基础，在文字结构中改造原有的笔画使之盘旋弯曲如鸟虫形，或者加以鸟形、虫形等纹样装饰。它的出现与流传说明文字不再是纯粹记录语言的符号，而逐渐演变为兼具装饰作用的艺术。从考古发现来看，鸟虫书盛行于春秋战国时期的长江中下游地区，在楚文化区域内都见到过这样的铭文，多见鸟形，少见虫形。每个诸侯国的鸟虫书略有不同，而越国是鸟虫书的主要使用地之一，以尖嘴的写实性的鸟为装饰笔画是越国鸟虫书构形的主要特色，也有部分越国鸟虫书的鸟形以几何线条来表现。

越王者旨於睗剑在双钩鸟虫书铭文字口间镶嵌着薄如蝉翼的绿松石，正反两面大大小小约有数百颗，经过精心的切割、磨制、抛光等工艺，再用红色粘土将其粘结在剑格上。现有部分绿松石脱落，脱落处可见红色粘接材料的痕迹。说明当时的越人已经掌握了娴熟的绿松石加工和镶嵌技艺。

剑柄的主体是一根圆形的实心剑茎，上面分布着两道凸箍，箍上满饰细密的变形夔纹。一根宽约 2 毫米的丝质缠缑，松散地卷绕在整个剑柄之上［图 8］，因氧化反应缠缑已呈黑色。仔细观察会发现，缠缑下面还有丝织品、木片的痕迹。经研究后推测，缠缑缠绕的方法是，先在剑柄的顶端用宽约 2 厘米的木圈垫底，木圈外用宽约 2.5 厘米的丝织品包裹数层，同时将丝质缠缑的一头压住，然后再将缠缑绕在整个剑柄之上。

剑柄的顶端是圆盘形剑首［图 9］，剑首直径 3.6 厘米，阴刻五道同心圆。用同心圆装饰剑首也是越王剑的特色之一。

此柄越王者旨於赐剑不仅剑身完整无缺，剑格带有铭文及绿松石镶嵌，剑柄上保留缠缑，而且还附有完整的剑鞘［图 10］。鞘为木质，

图 8　越王者旨於赐剑剑柄部分

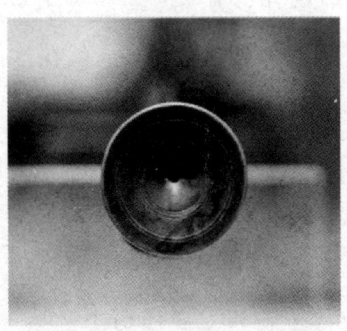

图 9　越王者旨於赐剑剑首

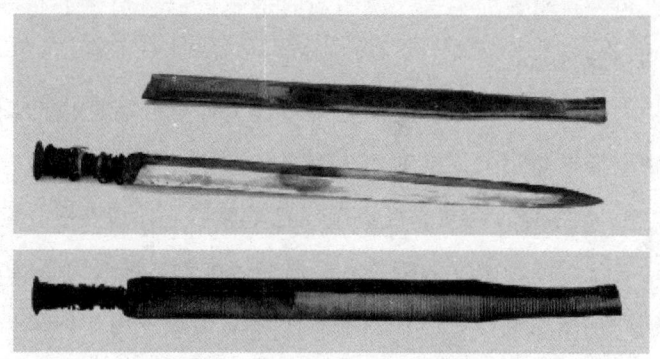

图10 越王者旨於睗剑剑鞘

通长44.3厘米，上宽下窄，是用两块薄木片分别制作依剑形挖出凹槽后粘合而成，从鞘口至31.4厘米处弧形内收。木片外用丝线缠缚加固，再髹以黑漆。

如此精美的一柄越王剑原本应出自浙江，孰料却辗转流入了香港。所幸在1995年的时候，由时任上海博物馆馆长、著名青铜器专家马承源先生在香港某拍卖公司发现，当时拍价为100万港币。考虑到这是一件珍贵的越国文物，马先生立即跟浙江省博物馆取得联系，当时浙江省博物馆副馆长曹锦炎先生得知此事也非常激动，两位先生多次赶往香港协商，希望筹划赎回国宝，让剑回归越国故里。20年前100万港币并非小数目，政府财政十分困难，博物馆的征集经费根本无法满足这巨大的数额。此时国外多方买家纷纷表示希望购得此剑，据悉有一日本藏家甚至愿意出150万港币购买。就在这国宝即将流失而博物馆一筹莫展的时候，杭州钢铁集团鼎力相助，最后以136万港币的价格赎回此剑，捐赠给浙江省博物馆，使其回归故里，现在陈列于浙江省博物馆武林馆区越地长歌展厅。

越国，是古代於越部族以宁绍平原为中心创立的一个诸侯国。公元前538年允常拓土称王，建立浙江历史上第一个王国——越王国。

越国最初的疆域大致在浙江省界内，南至句无①，北至御儿②，东至于鄞③，西至姑蔑④。

春秋时期越国的中心区域，南部是会稽山地，北部濒临后海⑤，中部是一片河湖交错的沼泽平原，山原参半，南高北低，具有"山—原—海"台阶式地形。清代李镜燧的《越中山脉水利形势记》记载：

> 越中地属海隅，南至山，北临海。地势南高而北下，江流溪源下注，海潮怒激，江与海相通，吐纳无节，本天然一泽国耳。

这正是对当时地理环境及自然水系的生动概括。因此，在公元前6世纪以前，於越部族居民的主要活动在会稽山地和崛起于平原地区的孤丘上，从事着"随陵陆而耕种，或逐禽鹿而给食"⑥的迁徙农业和狩猎业。

春秋时期东周王室衰微，各诸侯国为了占有别国的土地和人民，争夺霸主地位，进行频繁的兼并战争。吴越两国兴起之时，正是晋楚两国争霸中原之际。为了借与国兵力，攻击对方，晋国联吴制楚，楚国联越制吴，因此，造成相邻的吴越两国长期对立，数十年间攻战不息。

公元前494年，吴王夫差"悉精兵以伐越"，打得勾践国破军残，走投无路。只得行贿吴国太宰伯嚭，求和保国。随后越王勾践一行在吴国做人质，伺候吴王，从事劳役长达三年之久。公元前490年，越王勾践被吴王夫差释放回国，为"雪耻复国"，接受大臣文种、范蠡

---

① 句无：今诸暨南与义乌交界区。
② 御儿：今桐乡县西南崇福镇一带，现尚有女儿乡旧址。
③ 于鄞：今宁波市鄞县四邻。
④ 姑蔑：今衢州、东阳与龙游等地。
⑤ 后海：今杭州湾地区。
⑥ 出自《吴越春秋》。

等人的意见，对越国进行了一系列改革。

政治上，任人唯贤，躬行节俭，选国内"达士"，给予上等住宅，供给上等的衣食，使他们为国效忠出力。招募贤才，有从诸侯国来越的游士，勾践一定在宗庙中举行隆重的接待礼，并根据他们各自的特长任用。

对内发展生产、增殖人口、训练士兵，对外采取"亲于齐，深结于晋，阴固于楚，而厚事于吴"的外交政策，一方面与齐、晋、楚三国结交；另一方面，在"厚事于吴"的方针里，主要实行文种的计策，麻痹吴王：经常送些玉帛珍玩给吴国的君臣，使他们高兴。假报国中受灾，向吴国借粮1万石。第二年，越国选上好的粮食，经过蒸熟后还给吴国。吴国见越国的粮种颗粒饱满，于是用来作种子，致使吴国翌年颗粒无收。越国还向吴国献上美女西施、郑旦，引得夫差将政事荒于一边。勾践派木工到山中砍伐大树，并将所伐木材雕刻上花纹，然后献给吴国。夫差用这些木材，大兴工程，修造宫殿，耗费民力和国力。越王还暗中动作，加深夫差、伯嚭与伍子胥之间的矛盾，最终伍子胥被逼自杀。

经济上，越国为发展农业生产，兴修众多水利工程，围筑塘田发展稻作农业，鼓励百姓农耕，兴建众多粮食、经济作物和畜牧、水产、盐业等官办生产基地，组织集约式专业生产。

手工业发展方面，创制大量印纹陶、原始瓷器，以满足人口增加对日常生活用具的需求。同时高度重视与战备有关的青铜冶炼和铸造工业，在开采铜锡的矿区锡山①设立"铜官"，掌管采矿、冶炼技术，监督精铸青铜兵器及铸造改进农具生产的事务。在朱馀②设"盐官"，

---

① 锡山：或称银山，在今绍兴市上虞区东关街道。
② 朱馀：今绍兴城北斗门镇朱储村。

进行海涂盐业生产。在吴越交界的军事前沿的航坞设"船官",开发造船业,督造战船,建立水战基地。

随着国力的增强,公元前482年越国开始兴师伐吴,历时10年,终于靠谋略制胜,在公元前473年灭掉吴国,同年北上迁都琅琊,一跃成为春秋时期最后一位霸主。

长江文化体系主要包括上游的巴蜀文化、中游的荆楚文化、下游的吴越文化三个亚系,其中吴越文化主要生存于江、浙、沪地区及皖赣的一部分,晚期向闽粤地区流播。我们现在所说的百越就是对中国南方古代越人各族的总称。

我国史籍最早记录越人活动的是晋本《竹书纪年》,周成王二十四年(公元前11世纪末)"于越来宾"。按照先秦人物的年代排列,管仲是最早提及这个地区的人,《管子·水地》记载:

越之水,浊重而洎,故其民愚疾而垢。

寥寥数语却形象地形容出当时中原人眼中的越人生活环境之恶劣。越人生活在一片积水横流的沼泽地带,有着和中原人截然不同的语言文字、生活和文化特点。

越人说一种"胶着语",一字有多音节,为粘着型,不同于汉语的单音成义,故越语译成汉语时一字常译为两字。如越王鼫与的"与"字,越人发音应该就是"与夷",有些地名和人名今天已难知其确切含义,有学者认为越语与今壮侗语族[①]的语言相似。与越人独特的语言相对照,越国地区流行的文字多为"鸟虫书"或称"鸟篆",也就是在越王者旨於睗剑剑格上见到的文字类型。

---

① "壮侗语族"是语言学的一个学术概念,所谓"语族"就是语言相似的民族。"壮侗语族"包含中国及东南亚很多民族,这些民族都曾经被汉朝统治过或影响过,因语言中保留了诸多古汉语词汇,而被划分到同一个语族。

越文化的主要特点可以概括为12个字：断发文身、习水便舟、饭稻羹鱼。

1. "断发文身"：越地地处东南海滨，气候温暖、水道纵横、湖泊密布。为了能在湿热的湖沼河网间多水的环境中生产和生活，越人将额前及两鬓的头发剪短，大致形成两种发式，一是"被发"，就是散发，任其自然；二是"锥髻"，在脑后扎一个发髻，明显不同于中原人的蓄发代冠的风俗。越人还喜欢裸体跣足，顾名思义，就是不穿衣服不穿鞋，史书称"裸以为饰"，作为装饰的应该就是"文身"之纹，裸体就是有意将"文身"显露出来。"文身"主要包括额头的"雕题"和上肢的"错臂"，也有通体皆绘的，多为龙蛇之形。越人"陆事寡而水事重"，经常"与鼋鳄鱼鳖为伍"，纹身主要是出于巫术的目的，以规避水中"蛟龙"之害。这与中原华夏族的传统伦理道德截然相反，中原人认为"身体发肤，受之父母，不敢毁伤，孝之始也"。

2. "习水便舟"：越地是中国海拔最低的地区之一，也是雨量最丰沛的地区。依水而居的於越人长年与水相伴，为适应在多水环境中的生产和生活，舟船成了他们最重要的交通工具，故以习水和擅长舟楫而著称。《越绝书》说：越人"以船为车，以楫为马"，正是古越人"习水便舟"生活的真实写照。从现有的考古材料看，这里是世界上最早使用舟船的地区之一。"胡人利于马，越人利于舟"正是对吴越地区交通文化特征的高度概括。以步兵和水师为主体的吴越争霸战争刺激了这一地区造船业的发展。越王勾践时就建有"舟室"，设立"船官"，成规模地制造船只，从考古发现看以独木舟为主。越胜吴后，接纳吴地的造船力量，造船业更加壮大。发达的造船业为民间水上交通提供了便利，也为日后"越人的拓展"奠定了物质基础。

3. "饭稻羹鱼"：黄河流域是以种粟米为主的旱作农业文化为主

体，湿热多雨的气候适宜水稻的生长，长江中下游地区因此成为稻作农业的发源地之一，在距今8000多年的跨湖桥遗址中就已发现栽培水稻的确凿证据。从那个时代起，稻米一直是这一地区人们的主食。河网纵横的越地水产资源也十分丰富，鱼、蛤、螺、龟、鳖、蚌、牡蛎和蚬等，都是人们的盘中佳肴。越人如此喜食鱼、虾、蚌、蛤，以至中原人士发出了"越人不知腥膻"的感叹。不过，"饭稻羹鱼"只是说明稻米和鱼在越人的饮食中占很大的比例，并不意味越人的食谱很单调。他们不仅食各种杂粮、禽、畜，而且也像中原人一样喜欢饮酒。

纵观越国从立国到灭亡，历经160多年，向周朝贡，尊周天子为"共主"，周天子也赐以祚命，封为方伯。九代越王中，最成功的莫过于越王勾践，在位32年，在文种、范蠡等贤臣的辅佐下，"十年生聚，十年教训"，卧薪尝胆，励精图治，使越国不断发展强盛，在公元前473年打败吴国，迁都北上，与当时中原国家会盟，雄视江淮地区，成为春秋时期的东南霸主，创造了越国的辉煌。之后的三代君王仍维持霸业，不断征战，直至公元前333年被楚所灭，从此分散，诸族子争立，有的称王，有的称君，活动于江南沿海一带，均朝服于楚国。而越国及其部族的最终沦亡，是公元前222年，秦王嬴政统一中原后，对浙东的於越族进行镇压。於越族人不断流散，越遂消亡。

越王者旨於睗剑，带着它独有的光芒，向世人展示着越国的辉煌，希望通过这次解读，大家对越人骁勇善战的个性、独有的文化特色、开拓创新的精神能有一定的了解。

（浙江省博物馆　裘琤）

曾侯乙墓

在湖北省博物馆里，存放着一个庞然大物，它长3.2米、宽2.1米、高2.19米，是目前考古发现最大的主棺外棺。这样一个巨大的棺椁，不仅庞大，而且制作非常精良。它是由铜和木混制而成。两千多年的历史封存，丝毫没有改变它坚硬的质地，上面的纹饰图案依然清晰、生动，似乎在向人们传递着那个时代的某种信息。这就是著名的曾侯乙墓的外棺。那么这个巨大的棺椁是如何被后人发现的？曾侯乙墓还出土了哪些传世珍宝？曾侯乙墓的发掘有哪些令人难忘的往事呢？

湖北省博物馆，位于湖北武汉市东湖之滨。湖北省博物馆有一套著名的青铜编钟——曾侯乙编钟［图1］。这套青铜编钟1978年出土于湖北随县（今随州市）的战国曾侯乙墓。这套编钟也是湖北省博物馆的四大镇馆之宝之一。提到曾侯乙墓，人们都耳熟能详，但对于曾侯乙墓的发掘经过以及由曾侯乙墓出土文物而引发的诸多学术热点问题并不清楚。今天，作为曾侯乙墓发掘的参与者和一直从事曾国考古研究的我，就带领大家一起来回味曾侯乙墓的发掘过程，领略曾侯乙墓出土文物的学术价值和艺术成就，以及曾侯乙墓发掘后当今学术界对古曾国研究的进展和突破。

图1　曾侯乙编钟

一、曾侯乙墓的区位

曾侯乙墓位于湖北省随州市西郊约2公里的一处名叫擂鼓墩的岗

地上。随州地处湖北省的中北部,汉水之东。东南距湖北省武汉市的直线距离约 155 公里。随州北与河南信阳、桐柏相邻,西与湖北枣阳相连。

随州自然地理位置独特,自古是交通要冲之地。它的东北面是连绵起伏的桐柏山和大别山系,东南部是层峦叠嶂的大洪山山系。桐柏山和大洪山之间形成了一道狭窄的且无山系阻挡的天然孔道,随州正处在这一孔道之间,由随州经枣阳可直达南阳盆地,因此随州成为南北交接的必经之地,人们常将这一通道称之为"随枣走廊"。

独特的地理位置,便利的交通,造就了此地灿烂的古文化,夏商两代王朝对南方的经略无不与此地有关。因其位于汉水之东,古属随国地,传世文献《左传》和《史记》对此地所发生的事件多有记载,素有"汉东""汉阳""汉川"等多种称谓。如《左传·恒公六年》记载道:"汉东之国,随之大。"《左传·定公四年》记载道:"汉阳之田,君实有之。"《左传·定公四年》记载道:"周之子孙在汉川者,楚实尽之。"除此之外,《左传》中所记的一些地名和水系仍保留至今,如"沂(浙),溠水"等。

二、曾侯乙墓的发现

同大多数古墓发现一样,曾候乙墓的发现也是源于一项工程建设。所不同的是,20 世纪 70 年代,中国考古学正处于发展时期,地方文博单位和专业队伍还未健全和普及。曾侯乙墓发现之初充满了曲折。

(一) 险被炸飞的大墓

曾侯乙墓所在地的随州擂鼓墩属于武汉空军某部的一个雷达修理

厂区。1977 年雷达修理厂为扩建厂房，决定平整擂鼓墩的东团坡。由于擂鼓墩的东团坡所在地的地质属红砂岩地貌，平整山地只能使用炸药和推土机的作业方式进行。1977 年 9 月开始，震耳欲聋的炮声和不断轰鸣的推土机声在曾侯乙墓的上方交织在一起。山岗随着炮声不断下降，埋藏于此的大墓险被炸飞。

（二）神奇的"五花土"

在曾侯乙墓上方施工作业时，有一片异样的土色引起了推土机司机的注意，其之所以注意，因为这片土色不仅很杂不同于周边的红砂岩，而且特别坚硬，比红砂岩更难推。推土机司机所见到的很杂的土色就是墓葬填土，又称"五花土"。特别坚硬是因为墓葬填土曾经过了夯打。

何谓"五花土"呢？五花土是考古学中对人工文化遗痕的一种称谓，因其具有多种颜色而得名，是因人工翻动不同颜色的熟土和生土后再回填而形成的。只是经过人工翻动过的土，年代再久远，也永远不会恢复到原貌。考古工作者正是通过辨认"五花土"来判定古代墓葬和其他人工遗迹的。

由于推土机司机不是专业考古人员，对于曾侯乙墓内的填土他只是感觉奇怪，但并没有去深究。

（三）厂长心生疑窦

真正对这片异样土色引起注意并深究的是曾侯乙墓所在地的雷达修理厂郑国贤厂长。出于职责的需要，工程动工后，他每天都要亲临现场检查施工。开工后，他发现了这一片异样的土色，心里就开始琢磨：这里可能有一座古墓。

说道郑厂长，还真是一位业余考古爱好者。他不仅自己订了《文物》《考古》等专业期刊，而且，只要与考古相关的影视作品都要观看。当年长沙马王堆汉墓出土西汉女尸及江陵凤山西汉墓出土男尸的新闻纪录片，他反复地观看了很多次。同时，他还经常阅读一些考古类的书籍。浓厚的考古兴趣使他具备了很多考古方面的知识。

面对这片异样的土色，尽管郑厂长怀疑是古墓，但也有使他犯难的地方。他从书本上见到的古墓一般都是正方形和长方形，大墓还带有墓道。但这片五花土呈不规则形，又没有发现墓道，无法与已见报道的墓葬相比较。

（四）地方文化干部的两度否认

出于对考古的兴趣和对文物保护的高度责任感，当发现这片"五花土"后，郑厂长就向当地的原随县文化馆①进行了报告。县文化馆的专职文物干部因工出差，于是就派了一个文化干部到达现场。这个文化干部不懂考古，但有一点关于考古的常识。当他在现场看到，这片花土不仅范围大，而且又不成形，也没有发现坟包、墓砖等一类东西，当即就否定了这里有一座古墓，并让雷达修理厂继续施工。

两个多月过去了，随着放炮和机械作业，擂鼓墩的东团坡的山岗已下降了1米多深。随着深度的下降，这处异样的五花土已经越来越清楚了。尽管县文化干部否定这是一座古墓，但郑厂长仍心系这片异样的土色。除了白天到现场次数增多外，晚上还不断查阅考古资料。当五花土越来越明显时，郑厂长再次向随县文化馆进行了报告。这次，县文化馆又派来了另一个文化干部，此人更不懂考古，同第一个一样，到工地后轻易否定了是古墓，并让他们放心施工。

---

① 当年地方还没有博物馆，文物工作由文化馆监管。

（五）厂长坚信是古墓

县文化干部的两度否定，使得这位身为业余考古爱好者的厂长实感无奈。凭借他所掌握的知识，他坚信这里不是古墓也一定是古代人工的遗迹。为了避免可能出现的文物受损，他给施工人员规定了两条：一是放炮深度不能超过 60 厘米，装药量一次不得超过 200 克；二是一旦有重要发现，必须停工并向他汇报。

（六）地方文物干部做出停工和上报决策

从 1977 年 9 月到 1978 年 2 月，工程已历时半年，在炮声和隆隆的机械声中，擂鼓墩的岗地已下降了 3 米多。1978 年 2 月，推土机司机在这片五花土下面推出了一片平整的石板。郑厂长得知这一情况后，立即做出了停工决定，并第三次向随县文化馆作了报告。这次他已做好准备，如果县文化馆来人再次否定是古墓，他将向更上一级文物部门报告。

随县文化馆接到报告后，第三次派人来到了施工现场。与前两次不同的是，此次来的是出差归来的县文化馆专职文物干部，也是一名副馆长。此人曾在省里参加过短期考古培训班，也懂得一些文物政策法规。当他到达工地后，发现了大片的石板，墓坑坑壁已相当清楚了。但墓坑所具有的独特形制以及规模，他闻所未闻。凭借专职文物干部的职业准则和文物政策法规，他当即做出了停止放炮施工，保护现场并向省市文物部门报告的决定。

此时，曾侯乙墓墓坑的填土距离木椁盖板只有 90 厘米了，爆破施工的炮眼的底部距木椁也只有 80 厘米。在这千钧一发所做出的决定，使得这座濒临炸飞的墓葬出现了转机，为日后科学发掘赢得了宝贵时间。

（七）省、地、县专业工作人员现场确认为古墓

很快，省、地文物主管得知随州擂鼓墩有重大发现。1978 年 3 月，由省、地、县三级考古专业人员联合组成考古勘探队进驻雷达修理厂，配合工程施工方，对古墓进行考古勘探［图 2］。通过工作，不仅查明了这是一座大墓，而且木椁保存完好。墓坑呈不规则的多边形，仅在墓坑中部发现一个小的盗洞。墓室面积达 220 平方米，相当于 6 个出西汉女尸的长沙马王堆 1 号汉墓，相当于 14 个出西汉男尸的江陵凤凰山 168 号汉墓，这样规模大、规格高的墓葬在湖北还未发现过，在全国也极其少见。

图 2　曾侯乙墓发掘现场

三、曾侯乙墓的发掘

（一）申报

曾侯乙墓被确认后，地面距离木椁已不到一米了。勘探还得知，

墓坑中部还有一个盗洞。墓坑要想原样就地保存已经十分困难了，为了避免地下埋藏保护再遭破坏，必须对这座墓葬进行抢救性发掘。按照田野考古工作工程章程，任何一项发掘都必须经国家文物局批准后方能进行。紧锣密鼓地进行申报工作的同时，还针对发掘制定了详细的发掘方案和发掘步骤。

曾侯乙墓的发掘申报工作还得到当时的省文化局和省革委会主要领导的高度重视，他们纷纷要求从速申报，请求国家文物局批准发掘。1978年4月3日，国家文物局正式下达了同意发掘的批文，明确发掘方由湖北省博物馆组织实施。

（二）精心准备

1978年4月初至5月初，围绕组织、技术、物资三个方面湖北省博物馆进行了精心组织准备。首先，成立了由湖北省文化局及地、市、县和当地驻军及考古队主要负责人构成的"擂鼓墩古墓考古发掘领导小组"，以保障发掘的有序进行。其次，从省内各地、市、县及武汉大学抽调业务骨干和技术人员，以保证发掘的质量。最后，集中购买和调集用于文物包装和运输的各类资源，以保证发掘所需的器材和设备。

（三）科学发掘

1978年5月中旬起，在经过精心准备后，即开始对曾侯乙墓进行了科学发掘。发掘按原方案分为5个步骤依次进行：

1. 清理墓坑中的残存填土，露出椁盖板。
2. 起吊木椁盖板，露出椁室，取出浮出水面上的器物。
3. 排出椁内积水，清除椁内淤泥。
4. 清理椁室，完成绘图、照相、文字记录并取出文物。
5. 取棺拆椁，回填墓坑。

在上述发掘的步骤中，其中的第二步，即"起吊木椁盖板，露出椁室"是最扣人心弦的一步，因为人们都想先睹为快，急切想知道这个墓葬保存怎样，墓内究竟埋藏着什么"宝贝"。曾侯乙墓的发掘也是这样的。当椁盖板全部揭开时，只见每个椁室内都积满了水，中室的东北角因为有个盗洞，还堆积有部分淤泥。除了东室和西室上面漂浮的几具陪葬棺外，什么东西也看不见。于是在场人都有种泄气的感觉。有的怀疑这座墓可能被盗空，有的推测，可能就是很普通的一座墓葬。直到将漂浮陪葬棺取出，将椁内的积水抽干后，东室才露出巨大的主棺，中室呈现出气势磅礴的青铜编钟，特别是有的编钟依旧还悬挂在钟架上。目睹此景，每个人的脸上都洋溢着一种无法名状的欢乐与喜悦。

曾侯乙墓在发掘期间得到个各方支持，地方在计划经济年代保障了物质供应，驻军动用了直升机和大型起吊、运输机械。直升飞机的到来也惊动了四方百姓，每天都有成千上万的群众云集于此，为了保证发掘工作的安全，很多考古发掘清理工作不得不改在夜深人静时进行。

从1978年的5月中旬至6月底，经过考古工作者50多天的日夜奋战，田野发掘工作全部结束。后因国家文物局决定，曾侯乙墓木椁现场原地保留，以供后来人们参观，取消了回填墓坑的计划。现在已建成曾侯乙墓现场博物馆，人们到原址仍可观摩到曾侯乙墓巨大的椁室。

四、曾侯乙墓的墓葬形制与结构

（一）墓坑

曾侯乙墓坑［图3］呈不规则的曲尺形，东西长21米、南北宽16.58米，总面积220平方米。它是构筑在红砂岩上，属岩坑墓，发掘前由于原地貌已破坏，残存墓口至坑底的深度为 11 米。其上还平整过，估计原垂直深度在 13 米以上。坑内交替填青灰土、黄竭土、五花土，并经夯打。在离椁室以上 2.8 米处铺有一层防盗的石板。石板大小不一，全部产自随州方圆 110 公里的范围内。

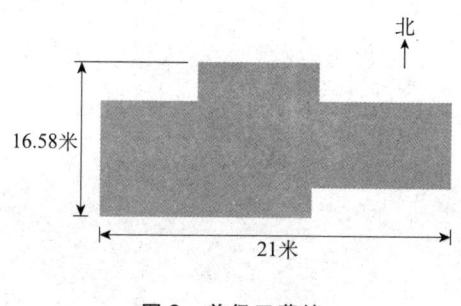

图 3　曾侯乙墓坑

（二）木椁

木椁是由 171 根巨型长方方木垒成，最长的达 10.6 米，最短的 3.4 米。方木加工前的圆木直径应在 50～55 厘米之间。以此类推，全木椁用木材达 500 余立方。其垒成的方法是先铺椁底板，然后在椁底上垒 12 道椁墙，将其分隔为东、中、西、北四个室。其中，东室和中室较大，东室长 9.5 米、宽 4.75 米；中室长 9.75 米、宽 4.75 米，椁室内空高达 3.36 米。四个室陪葬器物的分配是，东室放置主棺和 8 具陪葬棺以及一具狗棺，中室放置青铜礼器编钟和编磬等乐器，西室放置陪葬棺，北室放置兵器和车马器。四个椁室的底部都有一个方形的孔洞相通，木椁之上再加盖椁板。

木椁四周及盖面都填有木炭，用炭总量约 6 万公斤。也正是这些木炭具有恒湿性，才使得巨大的木椁在岩坑墓中得以完整保存。

（三）主棺外棺

主棺外棺 [图 4] 出自东室中部偏西外，紧贴东室南壁，呈正南北向放置。外棺呈长方盒状，长3.2米、宽2.1米、高2.19米。其结构极为复杂，因未对其作拆卸，其细部结构并不十分清楚。大体知道，外棺棺盖与棺身都是铜木混制，即在铜框内镶嵌木板。棺底安装10个兽形铜足。棺的足部留有一方形的门洞。最令人称奇的是，外棺的铜框根据其所在部位的不同，分别制成与现代钢材相同的角形、工字形、槽形以镶嵌木板。整个外棺内髹红漆，外髹黑漆，在黑漆底上再用红、黄两色彩绘不同的花纹。

图4　曾侯乙墓外棺

（四）主棺内棺

主棺内棺［图5］出于外棺中，棺呈长方形盒状，长2.5米、宽1.27米、高1.32米。因未作拆卸，其结构也不十分清楚。大体可知，是全部由木板通过榫头结合而成，为悬底。棺内通髹红漆，棺外先髹一道黑漆，在黑漆上再遍涂一层红漆，然后再在其上用黑、金等色彩绘。彩绘纹饰［图6］极为复杂，除门窗外，更多的是动物与神兽的图案，其内涵应与中国古代神话故事有关。

主棺出土时，有一个奇怪的现象是，主棺紧贴东室南壁，整个棺

图5　曾侯乙彩漆内棺

图6　曾侯乙墓主棺图案（局部）

身向西倾斜约30度。外棺东南的一个铜榫已插入南椁壁内，造成棺盖与棺身脱离出一条缝隙，不仅形成棺未放正的现象，而且整个棺的东边是悬着的。经过分析，可能是因棺太重，在下葬曾侯乙时，吊棺下葬的绳索中途出现了折断，致使整个主棺坠落而形成的。因主棺太重，致使安葬人员无力将其扶正，也使得曾侯乙在歪棺中静静地躺了2400多年。曾侯乙的主棺有多重呢？当时的起重计量为9吨，如果除去水分，下葬时的重量也应有6吨。在当时没有机械的情况下，将其扶正的难度可想而知。

（五）陪葬棺

陪葬棺共21具，其中东室8具，西室13具，棺的形状大同小异，都是长方形盒状，略成弧形的悬底棺。除一具棺外，其余20具棺盖外都侈出两个把手。棺内外都髹有红漆或黑漆，彩绘有纹饰。21具棺内各葬有一名女性，年龄在13~26岁之间，身高多数在1.43~1.60米之间。这些陪葬者应为曾侯乙的近侍妃妾或乐舞人员。

五、曾侯乙墓的陪葬品

曾侯乙墓的陪葬品十分丰富。按用途分，其种类有乐器、礼器、兵器、车马器、甲胄、生活用器、丧葬用器及竹简等。总数达15404件。

（一）乐器

主要有钟、磬、鼓、瑟、笙、箫等。总数达到1851件。其数量之多，配套之全，保存之好，是中国音乐考古史上的一次空前发现。

（二）青铜礼器

主要有鼎、鬲、甗、尊、壶、缶、盘、匜、炉、镇、熏等。总数达117件。特别是中室南端出土的一组青铜礼器，出土时排列有序，仍可看出其宴饮祭祀时壮观的场面。其中最为精致的一件是青铜透雕镂孔的尊盘。

（三）兵器

主要有戈、戟、矛、殳、矢、盾、人甲、马甲等。总数达4777件。

（四）漆木竹器

主要有盒、豆、杯、碗、案、禁、俎、几、食具箱和食具盒等。总数达 5038 件。这些漆木竹器绝大数都是生活用品。

（五）车马器

主要有车舆、车軎、马衔、马镳等。总数也达 1127 件。

（六）金、玉、石、骨、角器

金器皿共出有 4 件，主要是杯、盏、漏勺、镇。另出有金箔 940 片。玉、石、骨、角器的种类主要有璧、玦、环、璜、镯、剑等。总数达 778 件。这些玉器大多数出于曾侯乙的主棺内，应属曾侯乙的佩饰。

（七）竹简

竹简共出土 240 枚，总字数达 6696 字。竹简的内容为"遣册"，也就是记录随葬器物的清单。这是迄今在曾国墓葬中发现最多的一批曾国文字简。

六、盗洞之谜

我们在讲曾侯乙墓出土如此之多的各类文物之时，大家可能就有了疑惑，这座墓葬不是被盗了吗，为什么还会出如此之多的各类精美文物呢？是的，发掘椁室中北部时的确发现了一个盗洞。盗洞口为圆形，直径 90 厘米，上部开口在东室与北室相交的偏西处，盗洞自上而下，由东而西斜插至椁顶，落入中室东北角。盗墓者将中室的一块 90

厘米的椁盖板凿断，发掘时，因这块椁板东被凿断后，靠西边的一截没有依靠而塌入椁室。盗洞内发现很多凿碎的木屑、木杆，陶质、铁质工具和用具。这些工具和用具与曾侯乙墓内的文物决然有别。当清理完中室时，除发现中室盗洞处的文物稍有搅动外，文物并没有缺失。说明盗墓者并未进入椁室，也没有盗走任何东西。那么，是什么原因使盗贼墓者费尽心机，穿凿于10多米的地下而未能得手呢？这是一个未解的谜。我们的推测是，当盗墓贼凿断木椁盖板后，发现满椁积水，前面已介绍，木椁内空深达3.36米，远远超过了一个人的高度。这种情况使得其无从下手。但盗墓者并不甘心，于是用竹篙在盗洞中搅动一番后不得不怏怏离去。可能是满椁积水，才避免了曾侯乙墓被盗的厄运。根据对盗洞内出土的遗物的类型学分析，其被盗的年代应是在战国晚期至秦汉时期。

七、墓主与下葬年代

（一）文物中的墓主与年代信息

擂鼓墩的这座墓葬为什么叫曾侯乙墓，其意就是墓主为曾国一个名字叫"乙"的侯的墓葬。考古发掘中对墓主判定的依据主要是通过墓中出土的文字材料，其次再据以墓葬本身的规格和规模来加以辅助。这座墓葬的出土文物所反映的墓主信息特别明显。

首先，从青铜器铭文看，此墓出土的青铜礼器和用器共134件，其中109件上面有117处都有"曾侯乙"的铭文，绝大多数都是"曾侯乙作持用终"，意思是曾侯乙制作并持用终身。在出土的45件甬钟的钲部都有"曾侯乙作持用终"和"曾侯乙用终"的铭文。另外在出土的铭文戈中有35件铸"曾侯乙之走戈"，两件有"曾侯乙之用戈"，一件上有"曾侯乙之寝戈"铭文。总体而言，在有铭青铜器中，"曾侯乙"三个字共出现了208次。同一人名作为物主出现在同座墓葬的不同器物上，这在考古发掘中已十分罕见了，作为判定墓主身份的证据已相当充分了，墓主就是曾侯乙。

其次，在此墓出的一套编钟中，有一件镈钟［图7］上共有31字铭文。铭文为"唯王五十又六祀，返自西阳，楚王熊章作曾侯乙宗彝，奠之于西阳，其永持用享"。这件钟铭相当重要，记录了制作这件钟的人、制作年代、为谁而作等信息。铭文的首句"唯王五十又六祀"是指楚惠王五十六年，即公元前433年。"返自西阳"的"返"即"报"，即古代的"报丧"，"西阳"即曾国的国都，意思是从西阳得到曾侯乙去世的消息。"楚王熊章作曾侯乙宗彝"，即楚惠王熊章为曾侯乙制作了这套祭祀编钟。"奠之于西阳，其永持用享"，即供奉于西阳的宗庙供曾侯乙永久用享。从铭文中可看出，钟的制作者是楚惠王熊章，制作年代是公元前433年，是专为曾侯乙而制作的。这里还说明了拥有这套钟的人和接受楚惠王所赐的宗彝的人，就是曾侯乙。至此，完全可以认定这座墓葬的墓主就是曾侯乙。按照上面的解释，可以说明曾侯乙的终年及确切下葬年代即公元前433年。但也有另一种解释，就是钟铭中"返自西阳"的"返"，不是"报丧"之意，而是指楚惠王熊章从西阳返回楚国，再为曾侯乙制作这套钟，也就是说，楚王铸钟送曾侯乙时，曾侯乙还活着，曾侯乙的死年和下葬年代应晚于镈钟。如按照这种说法，那么，公元前433年就应当是曾侯乙墓下葬的上限年代，即不会早于这一年，只能是这一年之后。根据对死者骨骼的鉴定，曾侯乙死亡时约42～45岁，假如公元433年曾侯乙还健在，就假设他当时15岁吧，也是30年后就死了，即不会晚于公元前400年。当然也不排除，楚惠王熊章送他钟后不久就死了。无论怎样理解"返自西阳"一语，曾侯乙墓的年代都应当在公元前433年至公元前 400 年之间，属战国早期的时间段应该是没问题的，应是一座年代明确的曾侯墓葬。

图 7　楚王熊章镈钟及铭文

（二）曾楚关系

曾侯乙墓出土的镈钟铭文及同墓所出土的竹简文字中，可以看出曾国和楚国的关系相当密切，曾侯乙死后楚惠王亲自为他铸钟祭祷。特别是竹简文字中还记录了在曾侯乙死后，前来送丧的除了楚王外，还有众多的楚国不同阶层的其他官吏，如楚太子、楚令尹、楚大司马、楚封君、楚大夫等。据研究，在曾侯乙随葬的这套编钟中，由于镈钟是楚惠王送的，为了将这件楚王所送的镈钟悬挂于最显眼的位置，还将原来悬挂于钟架上的最大的一件甬钟挤掉而没有下葬，可见曾国极重视楚国的赴丧之礼，曾楚关系非同一般。

还应当提到的是，与曾侯乙墓内出土铭文及形制完全相同的楚惠王镈钟，在宋代时，湖北安陆也曾出土过两件，人们称之为"楚王熊章钟",但今天已下落不明了,我们从宋人的一些著作中仍可见到其图像。这说明,曾侯乙死后,楚惠王给曾侯乙制作了并不止一件镈钟,也说明了楚国给予曾侯乙的最高礼遇。

  曾国及曾楚关系,不见于传世文献的直接记载,曾侯乙墓发掘后,引起了考古学界、史学界的高度关注和极大兴趣,由此也引发了一场长达38年的学术之争。这个不见经传的曾国为什么会出现在古随国的地盘内?曾侯乙又为什么会受到当时赫赫楚国的顶礼膜拜,这个曾国究竟还会有哪些不为人知的谜底?下文我们将为大家逐一揭密。

(湖北省博物馆 黄凤春)

曾随之谜

　　1978年，对于中国考古界来说，是个重要的年份。这一年，在湖北的随州发掘了曾侯乙的大墓。根据考古专家对曾侯乙墓的考证，他们认为，曾侯乙墓是战国时期的一座墓葬。"曾"是国名，"侯"是爵位，"乙"是墓主的名字。但遗憾的是，这个曾国不见于史籍记载。在文献记载中，只有随国，没有曾国。而在曾侯乙墓出土的器物铭文上，却只有曾国，没有随国。这是为什么呢？更让人感到不解的是，曾侯乙墓出土在随国的地盘上。那么曾国和随国到底是什么关系？

曾侯乙墓发掘后，开创了曾国史研究的先河。其动因是，这个不见经传的曾国与楚国有着非同寻常的联系。经过近38年学者们的不断努力，特别是曾国文物的不断出土，使得曾国史问题的研究有了不断创新和突破。

一、曾侯乙墓发掘的主要收获

曾侯乙墓发掘后，由于墓内出土了大批精美的文物，学术界对其展开了多方面的研究，并取得了卓有成就的突破。曾侯乙墓的发掘，收获是显著的，主要从如下几个方面可以看出。

（一）为东周考古学研究树立了年代学的标尺

上文已经谈到，曾侯乙墓墓主明确，绝对年代确切，这在考古学的断代上具有非常重要的意义。在曾侯乙墓发掘前，我国当时在各地已发掘了数以千计的东周墓葬，其中不乏一些诸侯级的墓葬，但像曾侯乙墓这种年代确切的墓葬实属凤毛麟角，人们对一些墓葬年代的推定，也出现了较大的分歧。如湖南长沙浏城桥1号墓，有人认为是春秋晚期的墓，有人认为是战国早期的墓，经与曾侯乙墓出土物比较，实属战国早期。又如，河南信阳长台关1号墓和江陵望山1号墓，在过去，人们的看法很不一致，有人认为是春秋墓，也有人认为是战国墓，经与曾侯乙墓比较，实属战国中期。所以曾侯乙墓发掘后，过去很多有争议的墓葬的年代都得到了校正。由此而见，曾侯乙墓在考古断代标尺上的作用是明显的。

(二) 为音乐学研究提供了大批实物资料

曾侯乙墓出土的乐器种类之全,数量之多,是迄今所仅见的,很多见于传世文献记载却失传了的乐器我们能一睹其真容;如琴、排箫、篪,特别是编钟、编磬等出土时,仍保存原有的挂式,这在考古发掘中实属罕见。

需要特别提到的是,曾侯乙编钟所体现出的我国古代音乐艺术的高超水平。根据对曾侯乙编钟的研究,每件钟体都能发出两个乐音,这两个乐音之间多呈三度谐和音程,非常有规律,而且钟体的正鼓和侧鼓都有标音铭文,只要按照铭文准确敲击标音部位,就能发出与之相应的乐音。这就是一钟双音。对于一钟双音现象,早年音乐家在我国其他地区所出土的西周编钟研究时已有察觉,但由于没有实例可证明,因而受到很多人质疑。直到曾侯乙编钟的出土才得以确认。一钟双音不是个别现象,也不是古代音乐家的偶尔发明,而是有意识制造出来的,这是一个了不起的发明。

曾侯乙墓出土的乐器,除了所体现的诸多高超艺术水平外,还对一些素有争议的问题给出了圆满解答。如在先秦时期,我国古代乐器是否已具有七声音阶,是否有绝对音高的概念,是否可以旋宫转调,中国音乐史上由三分损益法形成的十二律是否出自中国本土等,大量编钟铭文都做出了肯定回答。

(三) 为天文学的研究增添了新资料

在曾侯乙墓出土文物中,有许多反映了我国古代科学技术的成就文物,其中,有关古代天文学成就是最引人瞩目的,在东室所出土的5件衣箱中,有一件作拱形的衣箱盖[图1]面上,一端绘青龙、一

图1 衣箱盖面上的星宿图

端绘白虎，中部绘制一个象征北斗的大"斗"字，围绕着北斗书写有二十八星宿的名称。这是我国迄今发现的一件记有二十八宿全部名称并有北斗、四象与之相配的最早的天文实物资料。在我国天文学研究中有着非常重要的地位。

二十八宿名偶见于殷墟甲骨文，但不具体。作为一套完整的星宿最早见成书于战国的《周礼》一书。《史记·天官书》在概括北斗七星在天文学中的作用时说道："斗为帝车，运于中央，临制四方。分阴阳，建四时，均五行，移节度，定诸纪，皆系于斗。"过去中外学者在研究中国二十八宿的起源与特点时就已注意到了，中国的二十八宿具有北斗等拱极星拴在一起的特点，由于印度、埃及也有类似于中国的二十八宿，被看作是起源于中国的证据之一。曾侯乙墓二十八宿图像出土后，使得这一看法再无异辞。

（四）为青铜冶铸技术研究提供了新资料

曾侯乙墓出土的青铜器，具有数量多、体型大、器身重、工艺精等特点，在我国已发掘的东周墓葬中无与伦比。出土大小青铜器总数达6239件，青铜总重量近10.5吨。其中的一对大尊缶［图2］，分别

图2　大尊缶（其一）

高达1.26米和1.25米，重量达327.5公斤和292公斤。这在我国出土的同类青铜器中绝无仅有。

出土如此之多的青铜器，反映了曾侯乙时代具有高超的青铜冶铸技术。综观这些铜器，采用了很多分铸和焊接技术。其中墓内出土的一件采用失蜡法铸造的尊盘[图3]，在我国所有出土和传世青铜器中绝无仅有，堪称一绝。其上的透空装饰，有条不紊，附龙装饰静中有动。全器比例协调，精美绝伦。委实让人有叹为观止之感。尽管学术界对失蜡法在我国起源和运用存在争议，但大多数学者认为曾侯乙墓出土的尊盘应为失蜡法铸造，从而把我国传统所认为的在汉代才开始的失蜡法的青铜铸造技术提早到了战国早期，提早了约200多年。

图3　尊盘

(五) 为古文字研究提供了新资料

曾侯乙墓出土的文字资料十分丰富，青铜器铭文和竹简文字加在一起共计12696字。这是目前在曾国墓葬中出土文字最多的一座墓葬。这些文字不仅是研究这座墓葬诸多问题，也是研究先秦历史与文化的宝贵资料。

大家知道，在秦国未统一前的战国时期，各国文字异形，结构多变。曾国文字也不例外。曾侯乙墓发掘后，使得我们惊奇地发现，曾国文字与楚国文字有着极其相似的地方。有很多曾国文字与楚文字完全相同。比如，四方封口的字，如"国家"的"国"字，"圆形"的"圆"字，"甲乙"的"甲"字，往往缺左边或右边的一竖笔，全都不封口。这可能是曾楚地域相近、关系密切的缘故。但同时又发现，曾国文字又有很多与楚国和其他国家不同的地方，比如在有些偏旁部首下赘加"口"符，作为饰笔。还有很多形声字和声符与传统文字有繁省之变，等等。这些对研究战国文字的构形提供了丰富的资料。

(六) 为工艺美术史的研究提供了众多素材

曾侯乙墓出土的文物除了具有重大美术价值外，还具有很高的艺术价值。很多文物不仅造型优美，而且纹饰瑰丽，显示了先秦工艺美术的高度成就。很多文物的造型都采用了塑、雕、刻等艺术加工方法。造型及表现手法都极其新巧。如东室出土的鹿角立鹤 [图4]，中室出土的编磬磬架 [图5] 的造型，都是一些不可名状的动

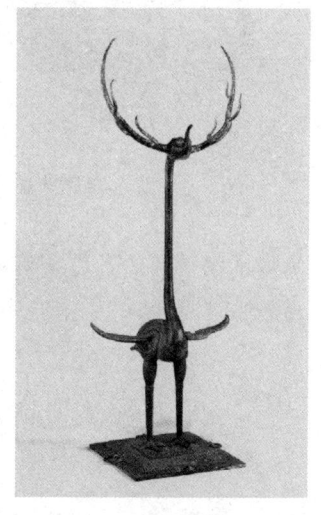

图4　鹿角立鹤

图 5 编磬

物。又如中室出于漆木豆上的雕刻纹饰,近看是一条条小龙,全局看却又是一个兽面。

图 6 彩绘木雕鸳鸯盒

曾侯乙墓绘画题材也极其丰富。其内容广泛,色彩鲜明,主次分明,题材既有反映现实生活的,也有表现神话传说的。值得特别提到的是,西室出土的一件鸳鸯形彩绘漆盒[图6],盒身不大,画师在其腹部的两侧分别绘有击鼓舞蹈图和撞钟击磬图。画面上的舞者和乐师都婀娜多姿,图中的舞者和乐器都做了适当的变形和处理,堪称现实与夸张手法的合璧之作。所有这些都是研究我国古代工艺美术史的重要资料。

(七)解决了一批悬而未决的器物定名及使用问题

考古学中对于某种器物的定名,通常多是沿用宋人所做的一些考释,另外是根据器物铭文的自名来定的,如作某盘、作某鼎等。其中自名是最为准确的。但出土文物和传世文献中还有很多并不知名和不知形的器物。如《诗经·卫风》中的"伯也执殳,为王前驱"一语。其中的殳,只知道是兵器,但是何种兵器并不知道,历代经学家在做注时,都说是一种矛。曾侯乙墓一共出土了7件三棱刮刀形的矛状长柄兵器,矛头下还有刺球。其中3件上面有"用殳"的铭文。这才使人们明白殳的真正形制,原来殳是一种即可刺又可击的长杆兵器[图7]。

又如兵器中的戟,长期以来论者不一,郭沫若曾认为戟是戈和矛的结合体,其特点是在于有刺,即有矛头。但《说文解字》解释说:"戟,有枝兵也。"何谓"枝兵"不清楚。曾侯乙墓出土了30件三戈[图8]、双戈的长杆兵器,其中有12件上自名为戟。这才使人明白,戟不在于有刺,而是由多戈组成,所谓"枝兵"就是矛和戈或者是多戈的结合体。于是,长期以来有关于戟的形制及何谓"枝兵"问题都得到了解决。

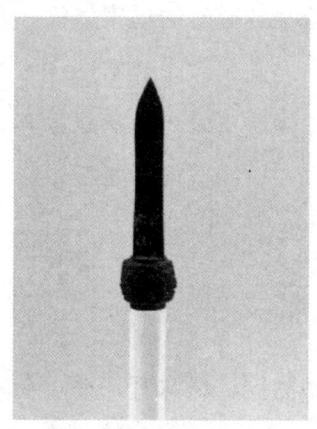
图7　曾侯乙墓出土的殳

图8　曾侯乙墓出土的三戈戟

二、曾随之谜

曾侯乙墓发掘后,众多铭文揭示出曾国与楚国有着非同寻常的联系。其中引起学者疑惑不解的是,这个不见经传的曾国为什么会出现在古代随国的地域内,于是学术界围绕曾国与随国关系问题主要有以下六种说法:

(一)曾国即随国,一国两名说

持这一观点的主要依据有:

1. 曾国和随国的族姓相同,都为姬姓。
2. 曾国铜器的出土范围与随国领地一样,即地域相同。
3. 历史上一国两名的现象多见,如,商又称殷,魏又称梁,吕又称甫,楚又称荆等。
4. 曾侯乙之所以受到楚国的顶礼膜拜,是因曾国(也就是随国)曾有恩于楚。即公元前506年,吴国联合唐、蔡等诸侯国,曾一度攻破楚国的郢都,使得楚昭王逃到了随国,是随国救了楚昭王,才使得楚国再次复国。楚惠王正是楚昭王之子,对于曾国(也就是随国)的救父、救国之恩,楚惠王必定视其恩重如山,在曾侯乙死后才给予曾侯乙最高礼遇。

(二)曾即曾,随即随,二国不可混同说

持这一观点的主要的依据是,根据甲骨文的材料看,在汉水以东的随州一带早就有一个曾国,其族姓为姒姓,其年代可到殷墟二期或更早,也即商代中期。姬姓的曾国不可能早到商代就到达了汉东的随州一带。

(三) 随灭曾，延姬姓宗嗣说

持这一观点的主要依据是，曾国早在商代就存在，位于河南南阳盆地，其族姓为姒姓，后来姬姓随国分封于此后，灭掉了姒姓曾国，迁国都于随州，称国名为曾，仍延称姬姓宗嗣，即改国名不改姓。

(四) 曾灭随，据其国土说

持这一观点的主要依据是，曾国就是文献记载中的"缯"或"鄫"（从耳从曾），位于河南，后在楚人的支持下，一举灭掉了姬姓的随国。曾国占领了随国的地盘，从而否定了曾侯乙为姬姓。

(五) 楚灭曾、随，重封曾国说

持这一观点的主要依据是，楚国先灭掉了位于汉东的曾国和随国。在春秋战国时，在原随国的地盘上重新分封了与封君等级相当的一个曾国。这一说法的归宿等于说曾侯乙就是一座楚墓。

(六) 与曾、随国无关，曾侯乙乃楚昭王的妹夫说

持这一观点的主要依据是，曾氏乃郧国钟氏之后，入楚后世为楚国的"乐尹"，曾侯乙乃楚国的封君，他就是楚昭王的妹夫钟建之子。这一说法与第五说相近。

上述六种说法，虽然都有一定的依据，但都存在着或多或少的矛盾，更主要的都是基于对曾随关系的一种猜测，缺乏出土文物和文献来进一步说明。相对于各说而言，第一种说法即曾国为随国说，矛盾最少。因而绝大多数学者都赞同曾国即随国说，也就是一国两名说。

三、后曾侯乙时代，曾国史研究的重大突破

曾侯乙墓发掘后，有关曾随关系问题的讨论持续长达 30 多年，曾随关系问题一直是学术界聚焦的热点，伴随考古材料的不断出土，特别是随州叶家山西周早期曾侯墓地和随州文峰塔东周曾国墓地的发现后，使得有关曾国的神秘面纱被逐一揭开。

（一）随州叶家山西周早期曾侯墓地的发现

2010 年底，因当地村民平整土地，在湖北随州东北约 20 公里的淅河镇叶家山发现了一批西周青铜器。2011～2013 年，考古工作者在这里共发掘出了 140 座西周墓葬和 7 座马坑。出土了大批精美的西周早期青铜器、陶器和原始瓷器等。特别重要的是，很多青铜器上都是铭文［图9］。根据青铜器铭文、墓葬规模等可判定叶家山应是西周早期一处包括曾侯在内的曾国公共墓地。至少有西周早期的三位曾侯（即曾侯谏、曾侯犹及一位不知名的曾侯）埋藏于此。经初步整理，发掘者认为，叶家山所发现的曾国墓地族属为姬姓，与曾侯乙的曾国

图 9　叶家山曾侯方鼎及铭文

属同源关系，比曾侯乙早大约500多年，也就是说，叶家山的曾侯是曾侯乙的直系先祖。从而将姬姓曾国分封的年代提早到了西周早期。

（二）随州文峰塔东周曾国墓地的发现

2011~2013年，为配合随州市政建设，考古工作者在随州市东郊的文峰塔发掘了50多座曾国墓葬。出土了大批包括编钟在内的曾国青铜器，并首次科学发掘出带有"随"字铭文的青铜器［图10］。根据青铜器铭文可确认，再次新发现了东周的两位曾侯，分别为曾侯與和曾侯丙墓。值得提到的是，这两位曾侯同曾侯乙有着前后相续的关系。其中，曾侯與的名字曾见于曾侯乙墓。曾侯乙墓中用失蜡法铸造的一件非常精美的尊盘就是曾侯與的，过去曾推断曾侯與为曾侯乙的先辈。曾侯與墓发现后，得到了进一步证实。从年代关系看，曾侯與极有可能就是曾侯乙的祖辈。曾侯丙的年代略晚于曾侯乙墓，年代属战国中期早段。可能是紧随曾侯乙之后的又一位曾侯，因两位曾侯的年代相近，考虑到"乙"和"丙"又都是以干支为名，曾侯乙和曾侯丙有可能有前后相续的关系。

图10　曾侯丙缶及铭文

（三）姒姓曾国与姬姓曾国的纠缠

随州叶家山西周墓地和随州文峰塔东周墓地发掘后，引起了学术界的高度关注，这两个发掘点曾分别被评为2011年和2013年的全国十大考古新发现。更为重要的是，大量不同时期的新曾国文物出土，重新掀起了学术界对曾国的始封、曾国的族姓、曾随关系等问题研究的新潮。

叶家山西周曾国墓地发掘后，在较短的时间内向学术界公布了重大成果。发掘者根据初步整理，认定这个曾国墓地的年代属西周早期，与战国曾侯乙的曾国是同一个国家，曾国属于周王分封的宗亲姬姓国。但成果公布后，立即引起了较大的争议，绝大多数学者都不赞同叶家山所发现的西周早期曾国属姬姓，应属于夏商时期的姒姓遗裔国。学术界之所以一提到汉东的曾国就有分歧，主要是在夏商两代王朝里，在汉东先后存在着两个姓氏不同、国名完全一样的曾国。

（四）新见青铜器铭文中的曾国

汉东西周早期的曾国究竟是周初宗亲封国还是商时期的姒姓遗裔国？曾侯乙墓发掘后并未能解开这一长期困惑学术界的问题的谜底。相对于曾侯乙墓发掘而言，叶家山西周墓地和随州文峰塔墓地的发掘，带来了突破性的进展。随着考古工作者对叶家山和文峰塔两处墓地文物整理工作的同步开展。大量青铜器铭文不断显现出来。

在叶家山M111号墓中，即曾侯犹墓葬中，出土了一件方座簋［图11］，人们惊奇地发现，在器内底上有"犹作（烈）考南公宝尊彝"9字铭文。意思是"犹为父亲南公制作的祭祀礼器"。M111墓的墓主是曾侯犹。而曾侯犹又可直称"南公"为"考"。这就将西周早期曾国直接同"南公"联系起来了。西周早期的"南公"为何人呢？大量青铜器铭文证明，"南公"即为"南宫公"的简称，西周早期的

图 11　方座簋

"南宫公"不是别人,正是见于历史记载的"南宫适"。提到南宫适,看过《封神榜》的人一定非常熟悉。他是周初的一位既具有军事才能,又具有政治才能的名人,是周文王的"四友"之一,可谓是上马能战、坐案能书的人物,曾辅佐周文王、周武王父子灭掉殷商,历经周文王、武王、成王三世。可以看出,新见青铜器铭文,把这个不见经传的曾国同历史记载联系起来了,出人意料的是,还同周初功臣南宫适联系起来了。

如果说叶家山所出土的"南公簋"[图 12]上的铭文"南公"尚

图 12　叶家山出土的南公簋

不足以说明就是周初的"南宫适",那么,文峰塔墓地 M2(即曾侯與墓)出土的编钟铭文则更清楚地记录曾国与南宫适的关系。因编钟为曾侯與所作,我们称之为"曾侯與钟"[图 13]。

图 13　曾侯與钟

曾侯與墓因早年被盗,曾侯與钟不全。但在一件钟上发现了铭文,铭文共 169 字。其内容所记录的是发生在公元前 506 年的吴楚之战。其中铭文的开篇即前半部,曾侯與自述了曾国的始封过程。因铭文涉及很多古文字,我们一律以今字书写。其开篇是这样写的:

　　　　唯王正月,吉日甲午,曾侯與曰:白适上庸,左右文、武。挞殷之命,抚定天下,王遣命南公,营宅汭土,君庇淮夷,临有江夏……

铭文中"王正月"即记年。"白适"就是指南宫适。"上庸"可读作"登庸"或"上通",都是指重用或提拔。"挞殷"指攻伐殷商。"遣命"即"派遣",即分封。"庇"是警戒之意,"临"即监视。开篇大意是：

在公元前 495 年甲午的这一天，曾侯與回忆说：我的先祖南宫适得到周王的重用，担当起辅佐周文王和周武王的重任，参与了灭殷的战争，平定天下后，周王就派遣我的祖先南宫适到了南方，在汭土的地方营建城址，以警戒淮夷集团，监视江夏地区……

曾侯與钟的铭文已将曾国始封问题记录得太清楚了，从叶家山西周早期铭文及文峰塔东周曾侯與钟铭文都是将这个名不见经传的曾国指向西周初年的南宫适。至此，尘封长达三千年之久的曾国谜底，在新出土的青铜器铭文中得到了破解。

（五）曾国的受封年代——西周早期

叶家山西周早期曾国墓地发掘后，发掘者曾推断，这个曾国不是夏商的遗裔国，而是北方周人重新分封的姬姓曾国，由于当时没有见到上述的文字材料，只是从考古类型学、文化因素、周初分封背景等方面得出的结论。现在文字材料进一步证明了发掘者的观点是正确的。由于西周早期涉及成、康、昭三世，那么，曾国究竟是哪一位周王分封的呢？从曾侯與钟铭文中及当时的历史背景似也可以做出推断。在曾侯與钟铭文里有"王遣命南公"一语，根据上下文的文意，武王在灭掉殷商后，对有功之臣进行了分封。武王灭殷后的第四年就去世了，因成王年幼，由周公摄政。据史书所载，周公还政于成王后，在成王和康王时进行了大量的分封。分封的目的是"以藩屏周"。"王遣命南公"一语中的"王"，极有可能就是成王和康王了。这样，曾国的分封极有可能就是成王和康王之时。也就是说，西周王朝建立并灭掉了长期盘踞于此的姒姓的曾国后，重新分封了一个姬姓的曾国。这样就完全厘清了姒姓曾国和姬姓曾国的纠缠。

（六）曾国的族姓——姬姓

曾国的族姓在曾侯乙墓发掘后就引起了学术界的讨论，大量曾器铭文已记录了曾国为姬姓。1979 年在随州义地岗文峰塔曾出土了两件铭文戈［图 14、图 15］，其上有自称"周王孙""穆王之子"。除此之外，还发现了多件带有"曾姬"的铭文的曾国青铜器。尽管如此，仍有极少数人怀疑曾国不是姬姓。叶家山与文峰塔曾侯與钟铭都将曾国的始封君指向了南宫适。南宫适据史料所载亦为姬姓。如果说还有可疑之处，那么，另一件曾侯與钟的铭文则有"曾侯與曰：余稷之玄孙"一语。意思是，曾侯與说：我是后稷的后代。这是曾侯與自己说的。众所周知，后稷是周人的始祖，曾国为姬姓，新出金文已将其坐实，可谓铁证如山，不容置疑。

图 14　文峰塔出土随国铭文戈　　图 15　文峰塔出土随国铭文铜戈

（七）曾侯乙的先祖，始封之君——南宫适

前面已谈到，南宫适是西周王朝赫赫有名的开国功臣，有关其人在我国传世文献中多有记载。此人同情百姓，曾"振鹿台之财，巨桥之粟"。由于此人骁勇善战，周文王时还有"咨于二虢，谋于南公"之说。由于南宫适为周王朝的建立立下赫赫战功，后被封侯，但封于何地，史无记载。传说被封于陕西，也有说被封于山西的晋南。现在，大量金文资料已将曾国指向了南宫适，原来他被封在了南方的曾国，成为曾侯乙的始祖。这是考古学所做出的巨大成就。人们一定感兴趣，既然南公被封于曾国，叶家山墓地中也应有南宫适的墓。我们的回答是否定的，因为，曾国只是南宫适的一个封国，南宫适本人仍在畿内任职。曾国的实际治理者应是其子，也就是叶家山墓地中发掘的曾侯谏和曾侯犺了。根据周初分封惯例，其封国皆由其子治理，北方召公的燕国、东方周公的鲁国无不如此。

（八）再谈曾随之谜

曾随之谜是自曾侯乙墓发掘后学术界持续讨论的一个话题，争论已长达38年之久，学界可谓仁者见仁，智者见智。相对于曾侯乙墓发掘时而言，大量金文资料的不断出土，曾随的关系问题越来越清楚了，但近年来仍有质疑之声。其主要论据是，2012年在随州文峰塔的一座曾国墓葬中出土了一件带有"随"字铭文［图16］的铜器。既然有随国铜器，那么曾国和随国就一定是两个国家。不能以历史上的其他一国两名来作类比。其实金文资料已对其作了回答。一个重要的证据

图16　随字铜器铭文摹本

是，曾侯與钟铭上记录的发生于公元前506年的吴楚之战所涉及的主要国家在传世文献中记录的是吴、楚、随三国。而金文中所记录的是吴、楚、曾三国。两相对比，一望而知。

另外，中华人民共和国成立以来，曾国青铜器在湖北随州、京山、枣阳，河南省新野一带不断出土，正是历史上的"汉东"之地。这一区域应可确定为曾国的地盘，是汉东最大的国家。完全可以同《左传》所说"汉东之国随为大"了。

当然，曾国为什么又称"随"的问题仍是当今学术界所要探索的，尽管现在还没有证据来说明，但在整个证据链上已无关紧要。总体而言，曾国就是历史上的随国，证据充分，"曾随之谜"应不再是谜。

（九）周初分封格局面面观

曾国问题逐一清楚后，我们进一步反观周初分封的政治格局及内在的政治体系。众所周知，商代之所以灭亡，主要原因是其皆由异姓诸侯来治理。周人夺得天下后，一改殷商异姓林立的局面，全由周王宗亲来治理。现在，我们可以大体看出，北方是召公，东方是周公，南方是南公，西方由周之权贵治理，形成了一个"溥天之下，莫非王土，率土之滨，莫非王臣"的政治格局。

四、考古发现所见曾国存年与曾侯世系

（一）曾国存年

由考古发掘所得到资料，曾国的始封年代大体在公元前11世纪，到战国中期偏晚（约公元前4世纪）才被楚所灭。曾国存在大约700多年。

（二）曾侯世系

目前一共发现的十位曾侯分别是：

1. 曾侯谏——西周早期（约康王）。
2. 曾侯犹——西周早期（约昭王）。
3. 曾侯絴白——两周之际。

4. 曾侯宝——春秋早期。

5. 曾侯得——春秋中期。

6. 曾侯與——春战之际。

7. 曾侯邔——战国早期。

8. 曾侯昃——战国。

9. 曾侯乙——战国早期。

10. 曾侯丙——战国中期早段。

五、曾随之谜之后的又一谜底——曾国不见史载之谜试解

由新金文资料发现，曾国为南宫适的封国，是考古学界对史学界的一大贡献。随后，"曾随之谜"也得到了破解。那么，人们也一定想知道，既然曾国是南宫适的封国，这个可与周初召公比肩人物的封国为什么又不在史书中记载呢？这确实又是一个谜。考古学的乐趣和魅力就在于，当一个谜底解开后，又不断地有新的谜出现，考古工作者正是通过不断破解这些谜团来重构中国古代史。好了，我们就来试猜这个谜。由曾侯與钟铭我们知道了曾国被封于南土的主要任务是"监视江夏，警戒淮夷"。曾国是周王镇守南土的重要屏障。但到了春秋时，曾国却臣服了楚国。对于史官而言，周王宗亲未能恪尽职守，却与蛮夷异邦同流合污，沆瀣一气，这应是一件不为人齿的事，所以，疏而不记。我们做出这种猜测，并非无的放矢。因为在曾侯與钟铭里，有这样一句，叫作"申固楚成，改复曾疆。"什么意思呢？就是"我要同楚国紧密联合，加强同楚国的联盟，恢复我曾国分封到南土的疆域"。我们已经感悟到了曾国人的两难境地，要面对周王室的不断衰败和日益强大的楚国，如果不臣服于楚，曾国将面临灭亡，如果臣服于楚国，楚国就保证曾（随）国的存在。因为曾国是这样认为的，只

要曾国存在，就证明我大周王朝在南方存在。最终，曾国选择了臣服于楚。曾国得以幸存下来。对于楚国人来说的确是做到了，在楚国所有消灭的国家中，曾国是被最后灭亡的国家。不过，此时历史的车轮已驶入秦皇帝国的前夜了。

从曾侯乙墓到随州叶家山再到随州文峰塔，这几处的发掘，经历了大约30多年，在这30多年中，学者们通过艰难的探索，终于解开了"曾随之谜"。从此，也揭开了一段尘封长达3000年的曾国史。

那么，曾国也就是历史上的随国，同楚国有着非同寻常的联系。两国之间的不断交往，演绎了诸多可为我们今天讲述的故事。比如说，曾国人意欲在南土存在，是楚国人保护了曾国，也保证了曾国的存在。当楚国人遇到灭顶之灾时，是曾国人伸出了援助之手，使得楚国重回霸主的巅峰地位，也使得楚国再次跻身战国七雄的行列。

当然，更值得我们讲述的是，由于曾国和楚国的不断交往和联盟，两国之间从此再也没有兵戎相见的日子了。这为曾国在政治、经济、军事、文化等方面的发展带来了机遇。以至于曾国人在春秋战国时期，创造了令世人瞠目结舌、灿烂辉煌的文化。其中，曾侯乙编钟可以说是最为杰出的代表。

（湖北省博物馆　黄凤春）

章怀太子墓

章怀太子墓是一座唐代的墓葬，这座墓的主人身份特殊，他就是唐高宗和武则天的第二个儿子李贤，曾经的潞王、雍王，后来的太子。李贤虽然天资聪慧，勤于政务，但他与母后武则天的矛盾，导致了他被罢黜的结局。被贬为庶人的李贤在巴州流放期间神秘死去，而"章怀太子"的名号是弟弟唐中宗、唐睿宗继位后，为他平反追封的。李贤的一生与唐朝王室母子相争的历史是分不开的。在章怀太子墓中，仍留着那段动荡岁月的影子。

在西安南郊大雁塔西北1公里的地方，有一座醒目的仿唐建筑，它就是著名的陕西历史博物馆。这座博物馆来头不小，地址是由周恩来总理亲自选定，并指示作为国家"七五"重点项目建造的。1991年建成对外开放，这里收藏着历代文物精品38万件，时间从150万年前的蓝田猿人，一直到清末，主要有商周青铜器、历代陶俑和陶器、汉唐金银器和唐墓壁画四大类，其中国家一级文物有2000多件，18件被誉为国宝级珍品，以周、秦、汉、唐四个朝代最具代表性，也最为精彩，突出表现在时间序列上的完整性、制作水平的至高性以及种类的丰富性，可谓三秦文物、丝路文明、中华文化。这座博物馆因此被誉为"古都明珠，华夏宝库"。

我要给大家介绍的就是其中一件国宝级文物，名字叫作《客使图》[图1]，或者"礼宾图""迎宾图"，它是一幅壁画，出自西安以西76公里处的唐章怀太子李贤墓。

图1 《客使图》

之所以被称为国宝级文物①，是因为它具有唯一性、至高性、完整性，是中华文明发展的重要见证。《客使图》的珍贵性在于"体量大——高1.85米、宽2.48米"；题材的唯一性在于，不见于其他墓葬；保存千年状况仍非常好，制作水平非常高，应该出自国家级大师之手。

李贤墓位于唐高宗和武则天合葬乾陵东南方约3公里处的高地上，是17座陪葬墓之一。墓地四周原来有围墙，南北长180米、东西宽143米，墓园面积近2.6万平方米，我们现在还能看得见残存的西墙、东墙和东北墙的墙角。墓冢（封土堆）高约18米、底部长宽各43米，形状像倒扣的斗一样，是用夯土建筑而成的，夯层仍清晰可见。墓冢南边东西两侧依次保存着一对高4.5米、底部长宽各5米的礼仪性高台建筑物，除此以外还有阙楼遗址、一对石羊和一个华表。两只石羊已挪到博物馆内阙楼遗址的旁边，华表已残损成好几段，放在院子里面。从规模和气势来看，这些地上建筑似乎显得有些简朴，也没有任何关于墓主人的信息。所以，1971年7月至1972年2月进行考古挖掘的时候，我们并不知道这是谁的墓，但挖开地下部分以后，发现竟然是一座气势恢宏的地下宫殿。由此，不仅弄清楚了墓主人的身份，也无意中揭开了一段尘封已久的唐代皇室权力相争、母子相残的历史。

这是一座唐代中期典型的斜坡、土洞、砖室墓，全长71米，包括墓道、过洞、天井、前后甬道和前后墓室。当然这些都是专业词汇，大家看示意图［图2、图3］就清楚了。现在，就让我们跟着考古人员一起慢慢进入墓道，开始一段神奇的古墓探险。

从3.3米宽的墓道口往下走20米左右，先要经过4个圆拱形的过洞、4个天井，第一天井没有挖掘，可以绕过。吸引我们目光的是，在

---

① 一级甲等文物才能称"国宝"。

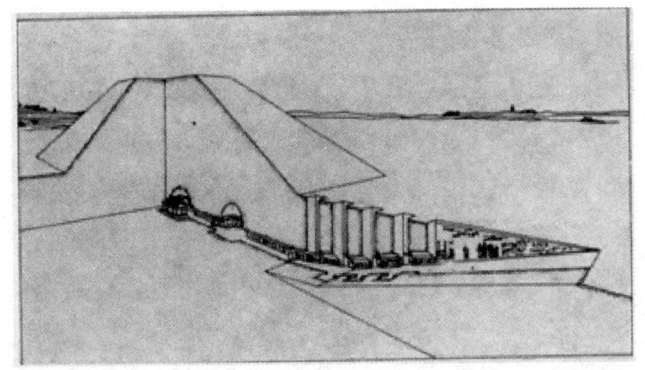

图 2　墓葬剖面图

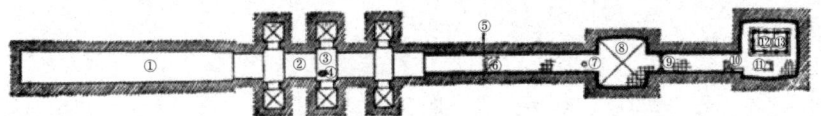

①墓道　②过洞　③天井　④盗洞　⑤原木门处　⑥发现门环、锁、铜钉、铅块、弩机处
⑦铜镜　⑧前墓室　⑨石门　⑩雍王墓志　⑪章怀太子墓志　⑫石椁　⑬后墓室

图 3　墓葬平面图

第二个天井到第四个天井的底部，东西两壁各有 3 个深龛（便房），里面放着数百件色彩艳丽的三彩陪葬品，包括镇墓兽、骑马狩猎俑、帷帽立俑、绿釉花盆等随葬明器，体型很大，有的高达 1.3 米。遗憾的是，6 个壁龛中的器物全部被人为地砸碎，位置也被弄乱，一片狼藉。

是谁破坏了这些陪葬品？可以肯定的说是盗墓贼。证据是第三天井东南角有一个长 70 厘米、宽 60 厘米的盗洞，盗墓贼从这里爬进来，通过本来设置着暗器的木门，暗器有一些弩机、铁箭头和 6 块圆形、方形、长方形及椭圆形的锡铅块，重达 65 公斤。若有人盗墓开门，这些暗器在杠杆原理的作用下，就会自动射出。遗憾的是，木门已经腐朽，暗器发挥不了作用。盗墓贼便脚踩着散落在地面的鎏金铜锁、门钉、铺首和残木块等，不费吹灰之力就进入前室［图 4］。

图 4　墓室前室（客厅）

这里代表着主人的会客厅，长方形，长、宽各 4.5 米，高 6 米，穹隆顶上绘满了日月星辰和银河图像。再往里，一道纹饰精美的石门挡住了去路，盗墓人将石门的门框和右扇门砸坏后，穿过 9 米长的甬道，强行闯了进去，他们把后甬道口一块"大唐雍王李贤墓志"的盖和志文分开，又把墓室后室前端一块"章怀太子李贤及房妃墓志"的盖和志文也分开。由此我们知道，墓主人名叫李贤。

最后进入的是整个墓葬的核心区域，代表着寝宫的后墓室，这里是摆放墓主人尸骨的地方，也是灵魂长久安息的神圣世界。后墓室形状与前墓室大致相同，只是面积稍大，高大的穹隆顶也画满了日月和星辰，日月中分别画"三足金乌""玉兔捣药""桂树"和"蟾蜍"等神话图案，上面贴了一层金粉，闪闪发光，十分耀眼。后墓室靠西边有一具硕大的墨玉色石椁，由 33 块青石板组成，椁顶的形状为庑殿式①，长 4 米、宽 3 米、高 2 米，顶盖由 5 块石板组成。整个氛围庄严肃穆，墓主人的亡灵犹如沐浴在宇宙星空金碧辉煌之下，与硕大的石

---

① 庑殿式：中国古代屋顶建筑中级别最高的一种。

椁化作永恒。这种不可抵挡的气势让盗墓贼也大为吃惊,他们绕着石椁反复观察,最后选择撬开石椁顶部最南边的一块石头,爬进去,把棺椁内金银饰品和随葬品洗劫一空。不仅如此,他们还想办法把后墓室与前墓室穹窿顶西壁大部分月亮和星辰的贴金都刮走了,现在我们只能通过东壁太阳和星辰上的贴金来想象当时耀眼的光芒。

考古人员发现,石椁内已经堆积了1.5米厚的淤土,里面盛放尸骨的木棺早已朽坏,也没有两具尸骨的痕迹,随葬品早被盗空,尸骨也被破坏。只在石椁内壁东北角发现两根腿骨和头骨碎片,有些骨头可能被水冲到甬道和墓道,显得有些凌乱。据推测,这些骨头应该是章怀太子妃房氏的。遗憾的是,由于墓中的混乱状况和史料的局限,我们无法了解章怀太子李贤的遗骨情况。

这座巨大而豪华的地宫是仿照死者生前居住的宅邸通廊和院落建成的,设施齐全,布局完备,甬道和墓室全是用砖堆砌而成,地面铺着带有纹样的方砖。尽管遭遇偷盗,这个墓还是出土了600多件精美器物,包括石墓门、两通墓志及一具大型石椁,绘在墙壁和顶部的50多幅精美壁画,面积近400平方米,是目前已发掘的唐墓中保存最为完好、内容最为丰富的墓葬壁画之一。

根据墓志我们可以知道,墓主人的名字叫李贤,身份是雍王和章怀太子,也就是皇室的亲王和皇帝的儿子或未来的皇帝,这就产生了很多疑问,需要一一解决。

第一个疑问是章怀太子是谁?

章怀太子生前名字叫李贤,章怀太子是公元711年追封的荣誉称号。此前章怀太子被称为雍王李贤、司徒公李贤、太子李贤、潞王李贤、庶人李贤等。为什么会有这么多称呼呢?因为他是武则天与高宗所生的第二个儿子,也是武则天四个亲生儿子中最有才华的一个,因太子哥哥无子嗣而被立为太子,三次监国,曾经显赫一时,却最终被贬为庶民，客死他乡。他短短31岁的人生经历简直就是一段宫廷斗争的传奇故事，也是一个至今令人唏嘘不已的母子相残的故事，还是一个想当女皇、最终当上女皇的母亲与她儿子之间惊心动魄的生死之战。他死后又经历了三次埋葬，三次恢复名誉，拥有三块墓志铭。

下面我就来细说唐朝这位命运多舛的皇太子李贤。

李贤是唐高宗李治的第六个儿子，武则天与高宗的第二个儿子。永徽五年（655年）一月二十九日，31岁的武媚娘在升为二品昭仪两年后，随高宗拜谒太宗昭陵的途中生下了第二个儿子，取名李贤。这个含着金钥匙出生的皇子得到了良好的教育和优待，永徽六年正月，高宗封李贤为潞王，这一年十一月武则天被封为皇后。李贤自幼聪明伶俐，是武则天四个儿子中天分最高的，他有着过目不忘的天赋，文学修养极高，加上容貌俊秀、举止端庄，深受高宗和武后的喜爱。高宗曾对司空李勣说："这个孩子已经读了《尚书》《礼记》《论语》，背诵古诗赋10多篇，一看就能领会，也不会忘记。我曾叫他读《论语》，他读到'贤贤易色'，再三诵读。我问为什么反复读，他说自己内心特别喜爱这句话，我才知这孩子的聪敏是出自天性。"贤贤易色，就是要竭尽全力侍奉父母，豁出性命服侍君上。

高宗对他寄予厚望，极力栽培，不断加官封爵，比如"沛王"，加扬州都督、兼左武卫大将军等，但也严加管教。乾封三年（668年）二月，沛王李贤与弟弟英王李显斗鸡玩乐，命侍读王勃（"唐初四杰"之一）写了一篇《檄英王鸡》骈文为自己助威，不料唐高宗看到后大怒，认为此举挑拨二王相争，就把王勃赶出李贤的王府。上元元年，李贤与弟弟李显各带一班人准备摔跤娱乐，有人劝高宗不要让兄弟俩比赛，免得伤了和气，唐高宗便制止了这场比赛，可见唐高宗对李贤的良苦用心。

咸亨二年（671年）高宗又封李贤为"雍王"，并让他帮助多病的兄长太子李弘打理政务，这是李贤参政议政之始。咸亨三年到上元二年（672～675年）改名"李德"，上元元年（674年），娶清河房氏为嫡妃。此后又恢复李贤之名。

李贤参政初露头角，似乎是一颗冉冉升起的政治明星。上元二年（675年）四月，太子李弘病逝，两个月后，高宗立李贤为皇太子，他是高宗立的第三位太子。那么就有了一个问题，这个时候他并不叫"章怀太子"，那么这个"章怀"的名号是怎么来的呢？我们以后还会讲到。

为了让李贤能够以储君身份尽快熟悉治国之道，成为一名合格的接班人，唐高宗让中央三省六部的主要官员全力辅佐，确保日后皇权顺利交接。李贤表现得也不错，曾奉诏三次监国，处理政事明确公允，受到大臣的拥戴，唐高宗也对他加以褒扬。仪凤元年（676年），唐高宗亲笔下诏表扬李贤，说"皇太子自留守监国以来时间不长，但留心政务，抚爱百姓，非常尽心，对刑法所施也细审详察。加之政务之余，能够专心精研圣人经典，领会深意。先王所藏书册都能研讨精华。好善正直，是国家的希望，深副我所怀。命赏赐绢帛五百段。"可见，这个时候的李贤具有较高的威信，若无意外，是能够继承高宗的事业，成为唐朝皇帝的。

李贤的另一项引人注目的政治资本是他在文化建设方面所取得的丰硕成果。他召集众多学者，用了一年多的时间为范晔的《后汉书》作注释，他的亲笔点评更被历史学家称赞为"章怀注"［图5］，对后世影响非常大，至今仍然具有很高的历史文献价值。此外，李贤还独立著有《列藩正论》《春宫要录》《修身要览》等书籍，可惜的是，这些书都没有保留下来。

太子监国，由皇帝"委以赏罚之权，任以军国之政，其宗庙社稷百神，咸令主祭，军国事务并取决断"，俨然君临天下，总领百官，

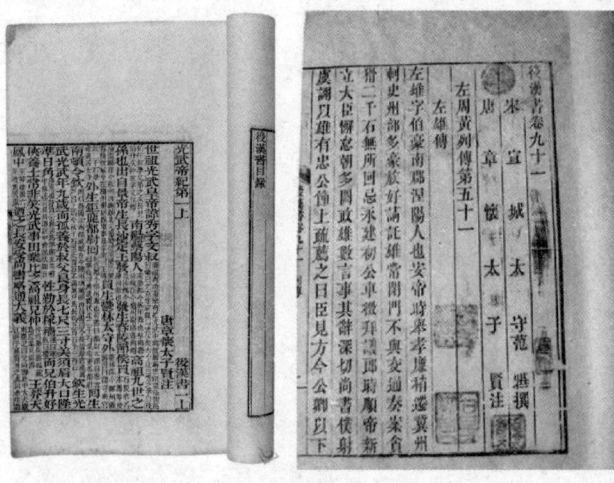

图 5　章怀注

代摄国政。

第二个疑问是李贤为什么被废掉太子之位？

李贤监国期间，十分留心政务，虚心求教，认真听取忠言、纳谏，改正错误，努力树立和维护太子的美好形象，加上处事明断谨慎，言行得体，群臣无不服其识量，唐高宗十分放心。但却得不到武后的认可，母子关系渐渐紧张起来。真实的原因我们无从知晓，只能从史料记载中寻找出一些线索。

第一个原因是李贤的身世。皇宫里面传说李贤不是武则天亲生的，他是武后的姐姐韩国夫人所生。不是亲儿子，自然得不到武后的喜爱与扶持，武后也不会把太子之位给他。即使碍于唐高宗的面子，当时立了李贤为太子，武后也要想方设法把李贤废掉。

第二个原因是李贤被人诽谤。高宗和武后非常喜欢一个叫明崇俨的人，这个人善于用符道迷惑人，他曾经说，"太子不堪承继，英王貌类太宗""相王相最贵"，武后好像不反对这种说法。

第三个原因是李贤的私生活不检点，让人说三道四。李贤虽然已经有两个妃子，但与多名美貌男性有染，特别喜欢自己府中的奴才赵道生，赏赐给他很多财物。史书还记载，李贤不顾洛阳等地的连年旱灾，照常大吃大喝，娱乐不断，还不听劝告。

第四个原因是李贤不孝。这可能跟李贤性格有关，史书说李贤性格很像武则天，两个性格相似的人很难处得来。李贤刚当上太子时，身边大臣不断提醒他要识大体，他还听得进去，后来就慢慢地任性而为了，比如他的同性恋行为不为社会接受。而对于身份极高的储君而言，不论怎么讲，这都是有违人伦纲常的事情。但这毕竟属于难以启齿的私生活，作为母亲，作为老师，都不好明讲，只有让太子读圣贤之书，行君子之道。这就给李贤一个错觉，从小就"贤贤易色"的他认为追逐美女歌姬属于胡作非为，而与同性间的肌肤之亲并不违背道德伦常，以为这是小是小非。武后曾多次写信责备太子不懂得为人子、为太子的本分，并让人给他送去了《少阳正范》《孝子传》等书籍。幕僚们也苦苦相劝，让他博览群书，"以广其德，屏退声色以抑其情，为上嗣之称首称，奉圣人之鸿业"。但李贤置若罔闻，我行我素。可见，李贤自身品行方面存在问题，作为未来的储君，在个人行为和品德方面也有"失德"，不能做表率，也是人们非议并不能容忍的事情。

第五个原因是李贤组织注释的《后汉书》含沙射影武后专权。李贤组织著名学者注释《后汉书》，这显然是具有政治目的的文化工程，无论如何都是皇朝宣化和社会的需要，谁也不能无故说三道四。问题在于李贤对东汉外戚的批评态度引起了武后的警觉。

第六个原因是武后怀疑李贤参与谋杀明崇俨。此人受到二圣亲近，且常为二圣服务，进行外人不知的"厌胜"活动。武后把李贤召到洛阳，派人查办此案，搜查他的东宫，结果在马坊中搜出了三百具盔甲，太子遂因谋逆罪被捕囚禁。而赵道生也供认受李贤指派杀死明崇俨。虽然有人认为是屈打成招，但无济于事。

以上种种情况对李贤非常不利,影响了太子的形象。

面对种种不利的情况,李贤毕竟城府不深。面对流言,他表现得很不淡定。"每日忧惕,知必不保全",先乱了方寸,藏不住担忧。他曾作《宝庆乐》在太清观演奏,通晓音律的李嗣真路过听后对道士说,这首名字喜庆的曲子却表现出不和谐的因素。

武后大怒,要废掉太子。唐高宗一向喜爱李贤,想要宽恕他,但武后却说:"为人子心怀谋逆,天地不容,应该大义灭亲,不能赦免罪行。"永淳二年(683年),李贤未能洗清罪责,被废为庶人,幽禁在长安。东宫其他人被就地正法,而赵道生也在血洗东宫时被就地处决。收缴的铠甲当众焚毁,以昭告天下。

关于李贤被废,有人认为这是一场蓄谋已久的阴谋。狎昵户奴生活作风不检点是伏笔,明崇俨散布谣言是手段,武则天争夺权力才是真正的动因。明崇俨故意用相貌来挑拨皇子之间关系,武后睁一只眼闭一只眼。对于李贤私藏武器,她却抓着不放。其实,武后和核查案情的三位大臣,心里都明白,从东宫中搜出的几百具盔甲,难以构成谋反罪。按唐制,东宫自成体系,拥有武装人员,存放兵器是太子应有之权力。李贤被诬陷为谋反,武后在治罪太子时故意扩大打击面,把太子的十多个近臣贬职、流放,意在铲除太子培植起来的势力。

也有人说,李贤生活放荡是为了反抗武则天的专制以及武所宣称的"关爱"(实际上是监视),用自己的放荡和自我放弃来成全武则天称帝。所以,他的府上夜夜笙歌,他为了寻找心理上的刺激,就与户奴赵道生纠缠在一起,以此来反抗他那个伟大的母亲。尽管如此,他依旧成了武则天称帝路上的"绊脚石"。

第三个疑问是谁杀了李贤?

被囚禁长安一年多后,即永淳二年(683年)废太子李贤被流放到偏远的巴州。走前妻儿仆从衣缕单薄,十分凄凉。皇太子李哲(即李显）上书《请给庶人衣服表》恳请帝后怜悯，稍赐春冬衣物。在巴州期间，李贤有感于母子亲情在权力斗争之下已荡然无存，写下了《黄台瓜辞》①，以藤蔓比喻母亲武后，因四个瓜先后被摘而感伤四兄弟性命朝不保夕，希望武后看后醒悟。此诗与曹植《七步诗》并称。《黄台瓜辞》诗曰：

> 种瓜黄台下，瓜熟子离离。一摘使瓜好，再摘令瓜稀。三摘尚自可，摘绝抱蔓归。

有人认为这更惹怒了武则天。现在巴中地区仍然流传着很多李贤的典故，例如，上马石、望王山、九龙岭等，甚至还有上官婉儿的悼念。

文明元年（公元684年）二月，高宗死后仅三个月，李贤在巴州神秘死去。关于李贤的死因，众说纷纭，莫衷一是，主要有以下五种：

一是绝望自杀说。过惯锦衣玉食优越生活的太子一夜之间被贬为庶民，巨大的落差造成的身心伤害可想而知，艰苦的流亡生活越来越黯淡无光，让人看不到头，于是在极度失望绝望中失去了生活的勇气。

二是武后逼令自杀说。武后担心仍有威望的废太子在外有所图谋，派丘神勣到巴州逼迫李贤自杀。

三是丘神勣自作主张杀死李贤，向武后邀功。

四是宰相裴炎除掉李贤。这是郭沫若在创作《武则天》戏剧时提出的观点，他认为是中书令裴炎要除掉李贤，这个观点得到很多历史学家的认同。1960年3月22日，郭沫若到乾陵参观时留下《悼章怀诗》也表明这一观点：

---

① 《黄台瓜辞》：此诗真实性有待考证，史学界侧重认为并非太子本人所作，而是后人感伤附会。

乾陵陪葬恩殊退，母爱浅莫漫猜。

五是韦后集团所杀。武后派丘神勣前往巴州监控并令其老实静修，不要受人蛊惑有非分之想。但有的人还是不放心。李贤被杀，李显、韦氏等人是最大嫌疑目标。他们既有作案动机，兄弟俩素有矛盾，又有作案时间。这其中也有尚未完全最后消散的皇权惯力。

上述种种说法，都不无道理，但都没有绝对的说服力。可以肯定的是，李贤的政治生涯乃至身家性命都与武后的专权有关。这一时期，强势的太后风头正劲，拥有朝野无以匹敌的政治资源，无人可以阻止她问鼎最高权力，大小事情必须经过她的允诺。李贤以自己的优秀再次验证了"木秀于林，风必折之"的黑色定理。光宅元年九月徐敬业扬州兴兵之时，就寻找容貌像李贤者做号召，说明李贤仍有很大的影响力。

李贤死后被草草葬于当地，妻儿老小仍留在巴州度日如年，武则天作何反应呢？她表现得很悲伤，还在洛阳显福门为李贤举哀。垂拱元年（685年）四月二十九日，武后追封李贤为雍王，灵柩仍然放置在巴州，如今四川巴中县城南两公里处仍有墓冢和章怀太子墓碑。他的妻儿多年后才返回长安，仍被武则天囚禁起来，孩子们被迫改姓武。长子和次子被酷吏迫害致死；女儿不知所终；只有李守礼袭父爵为嗣雍王，与房妃一起过了很多年的囚禁生活。期间李守礼还经常挨打，以致落下病根，每逢天气变化都会发作，别人还以为他有神奇之处。睿宗曾问他是否是真的能感知天气变化，听他将原委讲了以后，睿宗感伤落泪。可见，李贤所受的迫害一直延续到儿子辈。

李贤之死是李唐王朝皇室争夺王位的斗争中，后党与太子党的激烈斗争的历史见证。

李贤之死是武周与李唐王朝更替过程中非常重要的转折，是李唐王朝发展由晴转阴的重要事件。

如今，章怀太子墓发掘已经40多年了，对章怀太子诸多谜团的争论也持续了46年，许多文章、书刊或讲座仍然把李贤之死归罪于武则天或丘神勣，除了受封建史学家所选择史料的限制之外，另一个原因在于，过分把观察焦点定在武则天与其子女关系上，而忽略了各王子间的竞争关系，或者说李唐内部不同利益集团的矛盾被弱化了。总之，要弄清1330年前的这桩历史悬案，没有了原告、被告，只能反复咀嚼能见到的所有史料，从中找出有价值的线索，我们期待更有力的证据。

唐中宗继位后神龙二年（706年），为武则天时期被迫害的亲人们平反，追赠李贤"司徒"官位，并派李贤儿子李守礼到巴州迎其灵柩，浩浩荡荡的送葬队伍护送灵柩陪葬乾陵，李贤终于魂归父母身边。唐睿宗景云二年（711年）四月十九日，再次为李贤恢复名誉，追赠皇太子地位，谥号章怀太子，并将其妃房氏遗骸搬来与他合葬，总算夫妻团圆。章者：敬慎高明、法度明大，怀者：执义扬善、慈仁短折。而李贤在巴州的影响非常大，李贤墓也得到历代文人的凭吊，李贤在巴州的遗迹全州县到处皆有，上马石、望王山、太子庙、九龙山等。

如何评价李贤？史书对李贤的评价很高，说他是武则天四个儿子中最有才华的，也最像武则天，但又是最不得宠的一个；说他是个品德高尚的孝子，并非大逆不道的不孝子；说他有杰出的才华，也可以堪当大任，是唐帝国合格的接班人；说他是被母亲迫害致死，后世的人都为他悲惨的身世鸣不平。

可以这么说，李贤生活在武则天建设的皇权家庭里，注定了他必将卷入政治斗争而无法逃脱的悲剧命运。也许正是他敏感的政治嗅觉和政治才干，以及聚集起来的威望成为他后来命运急转直下的导火索，才使得他首当其冲，成为母后权力欲望的牺牲品和篡权道路上的绊脚石。年轻的李贤不仅喜欢玩音乐，性格张扬，还有一些无畏与狂傲，然而面对善于权术的母后，也许只有像鸵鸟一样将头埋进身体里才能获得生存的机会，就像两个平庸懦弱的弟弟在唯唯诺诺中才能熬过血雨腥风，能够顺利继承皇权大统。当时正值他的母亲武后政治得意，与唐高宗并称"二圣"之时，母子二人的感情裂痕已经无法弥补，导致李贤最终成为政治斗争的牺牲品。

（陕西历史博物馆　杨瑾）

《客使图》里的秘密

　　李贤死了,但唐朝王室母子相争的故事并没有结束,反而愈演愈烈。似乎唐朝的历史注定要经过一段动乱,然后才能迎来它的辉煌。章怀太子李贤的墓葬不仅见证了这段历史,而且也参与了这段历史。墓葬里那块精美的《客使图》壁画就体现了时代的烙印。那么《客使图》壁画里面都画了些什么?为什么在李贤的墓葬中会画这样场景的壁画呢?

李贤死了，唐朝的历史正在一步步偏离李唐王朝设计的方向。从690年武则天加冕，到705年武则天去世，这一阶段的唐朝注定要经历大的震荡，然后才能拨乱反正，迎来辉煌。章怀太子墓不仅见证了这一段风云际会的历史，而且自身也参与了这段历史。为什么这么说呢？因为我们从章怀太子墓里的两块墓志［图1、图2］发现了其中的秘密。

古往今来，墓志铭被看作是记载墓葬者生平事迹的档案材料，虽然深受当时社会政治形势所制约，但基本上不会无中生有。因此，墓志文中所载史实大多是可信的，可以成为历史研究的见证和依据。

为什么李贤墓里放两块墓志？其实他应该有三块墓志，我们目前能看到的是两块。上文讲到李贤的曲折经历，从太子被贬为庶人，死于巴州，匆忙埋葬，那个墓里也应该有块墓志吧。但因墓并未挖掘，具体情况不得而知。

图1　雍王李贤墓志盖及墓志铭

112　镇馆之宝（一）

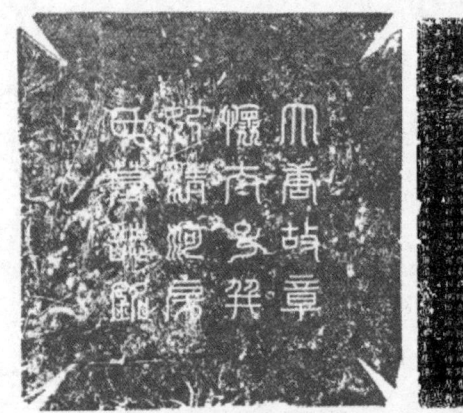

图2　章怀太子李贤及房妃墓志盖及墓志铭

这是第一块墓志的拓片，请看图1。墓志长宽90厘米、厚20厘米，盖子上分3行刻了9个字：

大唐故雍王墓志之铭。

志文40行，每行41字，共1640个字，志文未署撰书人姓名，书法遒劲严正。通篇都是一般的官样文章或文学性抒情赞叹，对李贤遭贬巴州及其死因采取回避态度，只说些简单的史实。

神龙元年（705年）正月武则天被迫将帝位禅让给太子李显，这是李显第二次当上皇帝，史称唐中宗。10个月后（705年12月16日），武则天在上阳宫病死去世，享年82岁，遗诏省去帝号，称"则天大圣皇后"，神龙二年（706年）五月，与唐高宗合葬乾陵。在这之前的一个月，唐中宗已经给李贤追赠"司徒公"称号，派侄儿李守礼从巴州迁灵柩陪葬乾陵柏城内，与父母在阴间团聚。但因为李唐王朝政局尚不稳定，很多武周势力尚未肃清，所以李贤没有彻底平反。例如，撰文者对垂拱元年武则天执政时期亲自追封的雍王到底用大周还是大唐都不敢明确表态，干脆就不写撰文和书写者的姓名了。我们现在看到的"大唐"两个字是后来加上去的，痕迹也很明显。

另一块是"大唐故章怀太子并妃清河房氏墓志铭"，长宽87厘米、厚17厘米。志盖分4行刻16个字：

大唐故章怀太子并妃清河房氏墓志铭。

志文34行，每行33字，约1122个字。志文为其子邠王李守礼的老师卢粲撰，歧王李范书法。李范是唐睿宗第四子、唐玄宗李隆基哥哥、李贤侄儿。由歧王李范书写，可见对章怀太子的重视与礼遇。这是在景云二年（711年）四月十九日唐睿宗追封李贤为章怀太子，与房妃合葬时放进去的。字数虽少，却对李贤生平交代极为清楚，没有回避被迁巴州的历史，直接说明李贤遭谗言被杀害。而且明确说武则天只是李家的媳妇，而不是大周皇帝，从根本上否定了武则天称帝。撰者在唐书均有传记，两人都是强烈反对武则天的，选择他们写墓志应该是有意安排的。

不要小看这两块墓志，虽然是制式文本，多有夸张形容，却澄清了史书中对李贤很多含混不清或自相矛盾的记载，比如，李贤去世的年月、流放巴州的时间、生前任职情况、追封称号时间等这些非常重要的细节问题都得以解决。再如，史书均未提房妃，而墓志记载详细。史书记载李贤注《后汉书》，但墓志没有提到，这些问题还需进一步研究。

两块墓志的情况我们终于弄清楚了，但紧接着又有了更大的疑问，就是关于章怀太子墓壁画的。上文我们说过，这幅壁画是国宝级文物，里面隐藏着很多不为人知的信息，关于它我们产生了两个疑问。

第一个疑问是，这座墓的壁画为什么两面都有画？这就是所谓的双层壁画，这在唐代墓葬壁画中非常罕见。

我们现在看到的壁画是唐睿宗景云二年（711年）加封章怀太子与房妃合葬时按照太子礼遇重新画的壁画，墓道从南到北分别在东壁绘《狩猎出行图》《客使图》和《青龙图》；西壁与此对称的是《马球图》《客使图》和《白虎图》；接下来是10组过洞壁画，从第一到第四过洞，主要是《司阍图》和《仪卫图》。其余的30多组为甬道和墓室壁画，内容主要为形态各异的宫女、内侍、侏儒等。在墓室顶部还绘有日月星辰等天象图。全部壁画大体上是依唐代皇宫的布局，分为三个部分：在墓道绘制的是表现皇宫外皇室生活的内容；以过洞表示皇宫的数重门，绘有门禁、仪卫等表示墓主身份的礼仪性配置的壁画；甬道和墓室绘有表现宫廷内皇室生活内容的壁画，气势恢宏，制作精美。

其实，这些壁画下面还有一层壁画。711年，追封章怀太子举行葬礼时，并没有将原来的壁画铲除掉重新再画，而是在原来壁画上涂抹石灰层，再进行绘制，所以我们在揭取和修复章怀太子墓壁画时发现背面还有镜像一样的壁画，形成奇妙的双面壁画。第一层应该是唐中宗神龙二年（706年）李贤灵柩从四川巴州迁回，以雍王身份陪葬乾陵时，建造相应规模的墓葬，配置与身份相当的壁画。既然恢复了太子名分，这座亲王级别的墓葬显然不能承载太子的殊荣，理应按照太子级别配置相应规模的墓葬和数量相当的陪葬品，举办隆重的葬礼。在无法突破空间限制的情况下，只能选择涂掉原来墙壁上的壁画。由于李贤的身份地位提高了，第二次绘制壁画的画师们显然来自更高水平的机构。但毕竟墓葬原来的规模已定，没办法表现太多的内容，所以出现了没有按照顺序进行描绘，而是充分利用现有空间，采取大画面连环画形式，上下都有内容，也就是说本该水平式单层排列的内容变成竖向式多层排列。

遗憾的是，由于无法将下面一层壁画一一揭开，也就没办法知道第一层壁画的内容了，但肯定是具有叙事性的连贯场景，应该也很漂亮。请大家看一下其中的一小部分［图3］。

图3　章怀太子墓壁画（局部）

第二个疑问是，《客使图》中六个人都是谁？

我们先来看一下这幅壁画［图4］，它高185厘米、宽247厘米。由六个人物组成，右边第一个人戴护耳皮帽，圆脸，大眼，脸上没有胡须，身穿圆领灰大氅、皮裤、黄皮靴，束腰带，两手拱袖中，走在队伍的最后面；第二人脸朝北，侧面露出椭圆形脸，嘴唇涂成红色，胡须清晰，头戴鸟羽冠，身穿大红领长白袍，衣襟镶红边，宽袖，两手拱于袖中，腰束白带，脚穿黄靴，神情专注地望着前面的三位唐朝外交官员；第三人圆脸，光头，浓眉深目，鹰钩高鼻，阔嘴。身穿翻领窄袖紫色长袍，腰束带，脚蹬黑靴，左臂为第二人所掩盖，双手交叉于胸前，眼睛警觉地望着前面的三个唐朝外交官；第四、第六人相对而立，第五人面向墙壁，三人面如满月，唇上和下颌有胡须，头戴纱罩笼冠，束带，身穿宽袖红色长袍，背后有几何纹状的长垂带，脚穿翘头履；第四人双手持笏，飘带曳地。

右边三位体貌特征和服饰明显有别于唐朝外交官员的外国人究竟是负有使命的访唐使者，还是专程来参加章怀太子葬礼的吊唁之使？

图 4 《客使图》（东壁）

他们到底是哪一国或哪一地区的人？

从服饰和面部特征来看，第一人［图 5］应该是来自东北地区的靺鞨国或室韦国的使者。靺鞨是满族人祖先，北魏至隋唐之间，向中原王朝遣使朝贡始终不绝，尤其是 7 世纪末至 8 世纪初，不仅朝贡的规模愈来愈大，而且人员的往来也与日俱增。因此，唐中宗为其兄雍王李贤进行迁葬时，两族酋长或使者极有可能前来出席葬礼。

图 5 《客使图》人物特写（①）

关于第二个人［图6］的身份，有好几种争议。目前主要有日本人、高丽人、渤海国人、新罗人等多种说法。

有的学者认为，白色袍服与史书中对日本使者粟田真人服饰的描述相似，但相似度不如高丽服饰，这种说法比较勉强。同时，日本遣唐使每批到唐时间都有明确记载，其中没有能与李贤监国、葬礼时间吻合的事件，这个说法不可信。

图6　《客使图》人物特写（②）

判断为高句丽使者主要是根据《旧唐书·高丽传》《北史》《魏书》《新唐书》等有关记载，高句丽官员头戴鸟羽冠，身穿宽袖白色袍服，腰系带，脚穿黄色靴子。符合第二位使者的服饰特征。比如，朝鲜平壤平安南道的高句丽古坟"双楹冢"壁画和吉林省集安县通沟发现的高句丽古坟壁画中皆有类似人物形象。但问题是，乾封三年（668年），高句丽在新罗和大唐夹击下亡国，而李贤当时只是个雍王身份，壁画中的不可能是高句丽使者。

更多的人倾向于认为他是新罗使者。因为史书记载，新罗与高句丽、百济国的风俗和服饰很相近。另外，新罗是朝鲜半岛上最强大的统一王朝，与大唐关系密切，很受唐朝重视，不仅获得世代承袭的

"乐浪郡王"称号,还经常被排在唐朝接见外交使节时的第一位。曾经发生过日本使节不满新罗使者排在所有外宾首位而提出交涉的记载,也反映了新罗在大唐人心目中的重要地位。

而且新罗使者出现在很多外交场合,例如乌兹别克斯坦共和国撒马尔罕市北郊阿弗拉西阿勃台地中部发掘的古撒马尔罕城址粟特壁画、我国敦煌壁画《王子举哀图》中也有类似图像,但李贤墓壁画新罗使者身份更高一些。

还有学者根据706年这一时期渤海国与大唐来往密切,但渤海服饰究竟怎样,也没有人能说得清楚。

争议最大的是第三人〔图7〕,有人认为是来自东罗马帝国,也就是拜占庭帝国的使者。因为秃顶男子符合史书中对于拂菻或大秦男子髡发(剃头发)的记载。也因为从贞观十七年(643年)到天宝元年(742年)的100年间,拂菻国曾经向中国派遣过七次使者,其中景云二年(711年)就有一次,这一年正是追认李贤为章怀太子并与房氏合葬的时候。因此此人有可能是东罗马使者。也有人认为是突厥或昭武九姓粟特使者,因为这一年都有与之相关的事件。

还有人认为是波斯使者。北魏时期与波斯交往频繁。《魏书》记载波斯使臣来中国交聘多达数十次,带来各种礼品,有珍宝和驯象等。

图7 《客使图》人物特写(③)

贞观十二年，波斯遣使来贡。龙朔初年（661年），波斯王子卑路斯遣使向唐高宗求援。唐高宗此时正全力经略西域，分置州县，遂决定以疾陵城①为中心，建立波斯都督府，任命卑路斯为波斯都督府都督。663年，阿拉伯人占领疾陵城，波斯都督府名存实亡，波斯灭国。高宗咸亨年间（670~674年），卑路斯到唐朝逃难，高宗封他为右武卫将军。679年，唐朝下令礼部侍郎裴行俭护送卑路斯与其子泥涅师返回波斯。但裴行俭因路途遥远，到达碎叶城②就返回长安，让卑路斯自行前往波斯。卑路斯一行在吐火罗滞留20年，势力日减，复国无望。707年，泥涅师在阿拉伯大军逼迫下，再次返回长安，中宗授予他左威卫将军③。711年泥涅师应该在长安。

此外，还有可能是昭武九姓粟特人，这一时期唐高宗在西域许多地区都设置了羁縻州府，包括中亚的粟特地区④。

第四人至第六人［图8、图9］为鸿胪寺官员，具体点说，是鸿胪寺里面专门负责接待外宾的典客署官员。唐朝的外交官员和译员都表现得高贵自如、自信满满、博学智慧，富有权力与威望，显示出一种"运筹帷幄荷时来"的大国风度与气质。

如果把这幅《客使图》与西壁的《客使图》［图10］放在一起来看，还可能有一些新发现。遗憾的是，西壁的《客使图》出土时已损毁。我们看到的只是临摹本。同样是六人组成，三名唐朝官员和三名外国使节。由南至北（即图10中由左至右），第一人为大食人，形体高大，长脸，高鼻深目，络腮胡，头戴胡帽，身穿大翻领窄袖灰色长袍，束带，黑靴，双手持笏，由南向北行；第二人为吐蕃人，长脸，

---

① 疾陵城：今伊朗扎博勒。
② 碎叶城：今吉尔吉斯斯坦托克马克市。
③ 左威卫将军：宫廷护卫。
④ 粟特：索格底亚那。

大眼，高髻束于脑后，身穿圆领窄袖红长袍；第三人为高昌或突厥使者，宽圆脸，身穿圆领窄袖黄色长袍，束腰带，蓄短发梳于脑后，双手持笏，腰带系一短刀；第四、第五、第六人均头戴幞头，身着圆领宽袖长袍，朱唇，两手拱于胸前，执笏，与东壁《客使图》中的唐朝外交官员相呼应，表现视角略有不同，但都朝向幽深的墓道，似乎准备走进内室，享受太子的接待，或参加与悼念章怀太子有关的活动。

图8　《客使图》人物特写（④）　　图9　《客使图》人物特写（⑤⑥）

图10　《客使图》（西壁）

两幅壁画中，画师们通过体态、朝向、人物关系描绘出流动与中心感，唐朝官员与后面的外国使臣形成明显的主客关系，形象地说明了唐代对外交往中的大国气势，也反映出唐高宗时期国家实力之强盛，与周边国家的频繁来往，以及唐朝在世界格局中的中心地位。

关于其表现内容有三种不同说法。第一种说法是纪念李贤监国时期接待外国来使的情景，礼宾司的官员正引导各国来使准备从东西两侧进入太子殿。第二种说法是唐中宗皇帝为雍王迁葬时，各国来使吊唁时的接待场景。第三种说法是唐睿宗皇帝追封李贤为章怀太子并将房妃遗骨迁来与李贤合葬时，举行了盛大的"发哀临吊"仪式。画面描绘的就是负责朝祭礼仪赞导的唐代鸿胪寺官员接待祭奠李贤的外国使臣的情形。应该与乾陵61尊宾王像功能一样，以"吊唁"之名，来行"阐扬徽烈"之实。类似的主题还出现在《步辇图》、《职贡图》、敦煌壁画中的《王子举哀图》和《说法图》，粟特壁画中的《来使图》等图像资料中。但如此大体量、高规格的场景还是不多见的。也有人认为唐朝官员所穿的是红色官服，而不是丧服，表现的场景并非实景，也许就没有这么一次外交活动，而是画师们按照李贤身份地位，以及监国皇太子接待外国来使的可能性来描绘出来的一幅美好愿景，或者希望这位已故的太子在天国能有这样隆重的场合，这也是将丧葬过程变成一种美的追求，或新一轮美随着生命轮回而循环，成为唐代丧葬文化中最积极、最有意义的部分。

毫无疑问，这两幅《客使图》壁画画稿和绘制都出自大师级艺术家。这一时期比较活跃的著名画家有阎立本（601～673年）、吴道子（651～716年）、李思训（653～718年）、薛稷（649～713年）等人，他们为唐代壁画的绘制提供了充分的条件。据史料记载，上述画家几乎都曾参与过宫殿和寺观建筑壁画创作，可惜这些作品都随着建筑的毁灭而不复存在，我们只能在像章怀太子这样高等级墓葬壁画中看到这些大师级的艺术元素或风格影响。这方面的论著非常多，我在这里想特别强调的是画师对空间的娴熟利用，很多画面将你引向画面之外，让你浮想联翩。

在《客使图》的构图中，似乎有一个关注的中心，所有人物面部均朝幽深的墓室，那里是墓主人灵魂栖息的地方，表示三重结构的王府建筑。人物通过正面、背面、侧面等多种表现方法，通过与前后画面的联系，似乎在叙述一个宏大的完整情节或连续性场景。那就是，章怀太子李贤曾经辉煌的东宫生活。画面上的人物都是围绕章怀太子及其事务忙碌着，曾经有人提出《狩猎图》中一位气质非凡的蓝衣骑马男子应该就是李贤本人，他正带领一队浩浩荡荡的猎手们在山林间追逐。

作为观者，我们可以面对画面凝神体会画中人物的内心世界，从容地浏览、欣赏、解读每个情节。我们都知道，《客使图》仅仅是章怀太子墓出土54幅壁画其中之一，但也是目前发现的唯一题材。我们既可以把它作为单个作品欣赏，也可以与其他画面构成连续性场景，构成隆重的外交仪轨、雄壮的军事行动、浩浩荡荡的出行、威风凛凛的仪卫等宏大的重要事件，通过壁画我们可以看到当时日常生活中存在的各类人物，乃至建筑、动植物等。对于经历三次埋葬、获得三种称号、三种待遇、三种评价、三块墓志的李贤而言，尽管巨幅画面产生出极为强烈的视觉冲突，表现这位悲情太子短暂一生的种种坎坷与不幸，但是由于配套给太子级别的丧葬待遇高于雍王，太多内容无法按照常规顺序依次进行水平状绘制，只好利用高度画出上下两部分，这种删繁就简的处理方式也反映出对废太子李贤的态度。毕竟已经过去27年了，毕竟是母亲的决定，本来性格软弱的唐中宗和唐睿宗在兄长和母亲之间显然无法毅然决然地表现出太过明显的"是与非""对与错"的态度，只要都能说得过去就行了。按说李贤辈分、名望和身份都比侄子、侄女高出很多，但我们现在看到的章怀太子墓地上地下遗存的规格、形制和级别要比懿德太子和永泰公主号墓为陵差很多。令人欣慰的是，李贤墓壁画数量多，题材独特，场面恢宏，制作水平极高，已经引起广泛关注。

一幅壁画用图像形式讲述了一段生动曲折的历史故事，一段大唐盛世中间有关武氏家族与李唐王朝对王权的竞争过程。透过壁画看历史，可以理解王权建设并不像电视剧中描述的那样直白，但其中的玄妙与诡秘却反映出个人命运与帝国兴衰的关系，权力与亲情的悖逆。

作为武则天的儿子，李贤似乎一出生便注定面临政治斗争的残酷考验，遭遇骨肉亲情与权力的矛盾与对立，一当上太子就意味着把自己放在斗争的漩涡中。他终其一生，纵有治国方略，却是武则天亲生四子中唯一没有品尝至高权力、获得帝号的太子，就连墓葬规格也比侄子辈小许多。

武则天与李贤这一段超越母子亲情的君臣关系以武则天消灭李贤而告终。李贤作为李唐王朝最有才华的储君，不再成为武周王朝的绊脚石后，唐朝进入了中国历史上唯一一个女皇帝的时代，这个时代延续了唐太宗"贞观之治"和高宗"永徽之治"的辉煌，创造了对后世产生重要影响的物质与非物质文化遗产。

如今，《客使图》与收藏在陕西历史博物馆里的其他同墓出土的壁画、陶俑、陶瓷器皿等一起，成为李贤多舛命运的静默注解，并把这位至今让人唏嘘不已的太子化作永恒。就像李贤墓门前的对联所说：

　　好学越前王，天不垂怜生可悯。著书传后世，名能符实死犹荣。

这也许是对他公允的评价和最好的纪念。

更为重要的是，《客使图》反映了唐代政治、军事、经济的高度发达所带来的更加突出的文化软实力及文化自信,我们看到的这些唐朝官员从容不迫、器宇轩昂,充分代表大国风范和对本国文化的自豪感。

以史为鉴,在新"一带一路"建设中,这些文物珍宝带给我们的是唐代辉煌时期大国的自信与胸怀,是积极向上的强烈情感和参与其中的激情,唯愿各位朋友在品鉴这幅国宝时,能够回味本真历史,将激励变成行动的力量,薪火相传,再续大唐盛世之辉煌。

(陕西历史博物馆　杨瑾)

鎏金银竹节铜熏炉之谜

坐落于西安的陕西历史博物馆，是我国一级一类博物馆，馆藏文物达30多万件，是一座大型现代化博物馆。在陕西历史博物馆众多的馆藏文物中，一件周身细长、亭亭玉立的器物吸引了我们的目光。它做工精细美观，像一座峰峦叠嶂的仙山，被一根细长的竹节托起，雍容大度，于安静中尽显高贵。

我为大家介绍的这件镇馆之宝的名字叫作鎏金银竹节铜熏炉［图1］。这件器物高58厘米，整体是由青铜铸造而成，表面鎏金、鎏银，看起来非常华美。根据出土地点，我们知道，这是一件汉武帝茂陵陪葬墓周围丛葬坑出土的陪葬品，也是目前考古发现的西汉时期的同类器物中唯一的一件。通过器物上的铭文，我们还可以知道，这是一件西汉时期宫廷里用来熏香的香炉，反映出汉代统治阶层的思想理念、生活习惯和精神追求。因此，这件器物具有很高的历史价值、艺术价值和文化价值。

那么，这件距今已经有两千多年的器物是什么时间被发现的？如何被发现的？

西汉时期为什么会使用这样的器物？它在当时是如何使用的？又是怎样出现在这里的？

它的主人有可能是谁？它有着怎样的传奇经历？

事情还得从1981年说起。

1981年5月1日劳动节这天下午，陕西省兴平县西吴公社豆马大队的社员们并没有悠闲地过节，他们积极响应国家大搞农田基本建设的号召，正在有组织地平整土地。大队挑选出了600多个精干社员，6人一组，分成100个小组，高军田和其他5名村民被分为一组。他们跟着大队伍到村子以北高干渠北边的田地平整土地，高军田用镢

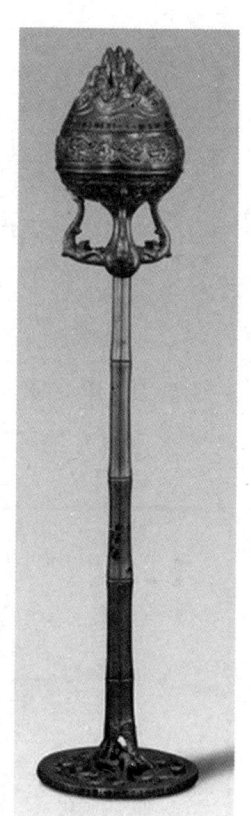

图1
鎏金银竹节铜熏炉

头挖土，其余5人用铁锨铲土。他们谁也没有想到，这次再平常不过的田间劳动，再随意不过的挥动䦆头，竟然触动了尘封2000多年的宝藏的玄关，挖出了236件罕见的汉代文物珍品，很多可能与皇室有关。

为什么这么说呢？因为豆马村就在汉武帝茂陵东南两公里的地方。大家可能都知道，汉武帝茂陵［图2、图3］花费53年修建而成，是汉代帝王陵墓中规模最大、修造时间最长、陪葬品最丰富的一座，被称为"中国的金字塔"。它的周围有很多陪葬墓，早在20世纪，考古学家就已经发现了30多座陪葬墓，现在已经发现200余座，有封土的15座，明确墓主人的5座，这5座墓分别是大将军卫青墓、霍去病墓、李夫人墓、霍光墓、公孙弘墓，还有很多没有办法确定墓主人，被统称为"无名冢"。

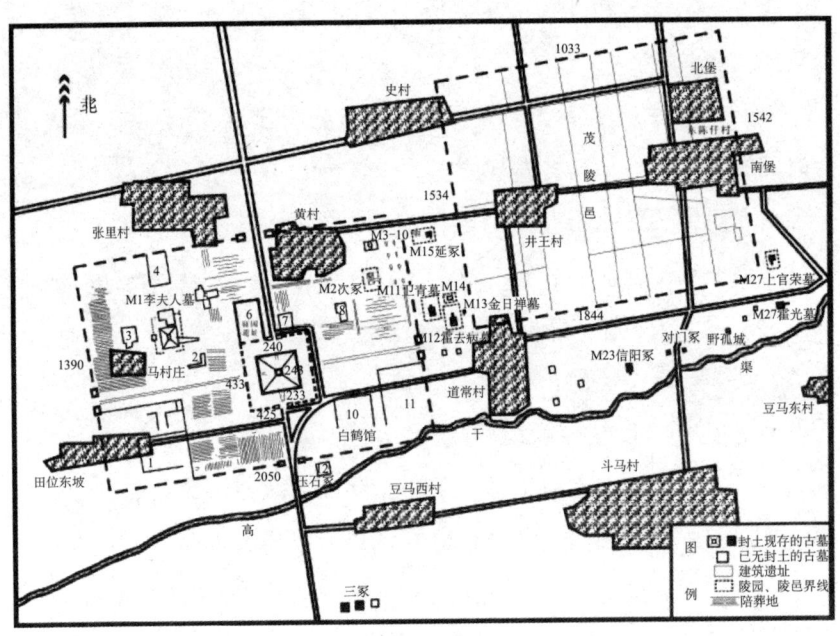

图2　茂陵及陪葬墓分布图

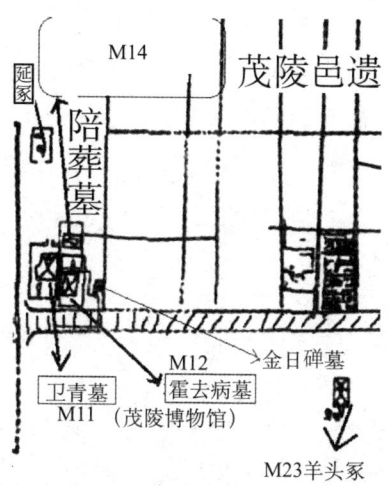

图3 茂陵陪葬墓分布图（局部）

豆马村北边也有很多这样的墓冢，其中最西边的一个规模最大，墓冢高17米、南北长114米、东西宽55米，占地9亩多，因为不知道墓主人是谁，考古学家给它编号为1号无名冢。当地群众看它上边小下边大，形似羊头，就称它为"羊头冢"[图4]。高军田他们平整土地的农田就在羊头冢南边60米的地方。

图4 羊头冢

在你追我赶的气氛中，高军田不断挥动手中的镢头，突然，咣当一声，镢头似乎碰到了土里很硬的东西，他蹲下身一看，土里面有一块金灿灿的物件直晃眼。由于祖祖辈辈生活在茂陵周围，豆马村的村民都有着很强的文物保护意识，一旦发现文物，都会上缴国家。高军田耳濡目染，也对文物很敏感。他立即警觉起来，感觉这应该是文物，但又害怕人多嘴杂，不利于保护文物，便悄悄地用土把亮晃晃的东西埋了起来，若无其事地继续挖地。等到黄昏收工后，他跑到茂陵博物馆，向馆长王志杰汇报。王志杰从事文物工作多年，对茂陵陵园陪葬区了如指掌，他立即意识到事情并不是这么简单，马上就派人连夜赶去保护现场。

王志杰这样做是有原因的。一是茂陵陪葬墓很多，陪葬品非常多，有时候偶然就能挖出一些非常精美的文物，比如，现中国国家博物馆收藏的错金银云纹铜犀尊和茂陵博物馆收藏的四神纹玉铺首。二是尽管国家一直宣传要爱护文物、上缴文物，但仍有一些茂陵文物流失出去。因此，王志杰才十分小心。还有一个重要原因。据史书记载，卫青的夫人、汉武帝姐姐平阳公主也陪葬茂陵，但一直没有发现任何蛛丝马迹，她的墓就一直隐藏在众多的无名冢之中，不能确定位置。人们根据羊头冢地理位置距离汉武帝主陵仅有两公里，离卫青和霍去病墓仅有千米，一直怀疑它就是汉武帝的大姐、卫青夫人的墓。这个发现有可能对明确墓主人身份有一定帮助。

王志杰也立即向上级主管部门汇报。征得同意后，第二天一早他就带着考古人员到高军田发现金灿灿物件的地方，轻轻一刨，竟然刨出了一匹金色的骏马。王志杰惊喜万分，这是一件他从来都没有见过的文物。这个地方是不是还有东西？王志杰他们从这个地方向下挖，慢慢挖出来一个深3.2米，面积5.63平方米的方形土坑，里面密密麻麻地堆满了各类器物236件，包括铜器、铁器、漆器和铅器等，既有专门陪葬的冥器，也有生活实用器，其中以铜器居多，主要有鎏金银竹节铜熏炉、鎏金虎镇、铜提链暖炉、鎏金铜衔和铜镳、铜温酒器、铜温手炉等，有一些器物刻有铭文，铭文记载着器物的名称、重量、制作与使用等情况［图5］。

图 5　挖掘现场

这一发现不仅震惊了整个考古界，而且引起各级政府的高度关注。为什么有这么大影响？因为这次发现的器物非常罕见，表现在三个方面：一是器物数量之多、价值之大、品位之高、工艺之精，让人啧啧惊叹，为我们认识茂陵丰富的陪葬品提供了线索，尽管这只是冰山一角。二是此处在"羊头冢"以南60米开外，故可以判定，发现文物的地方是羊头冢的一个从葬坑。这为揭开羊头冢之谜提供了很有价值的线索。三是出土的18件器物上刻有"阳信家"字样，意思是这些器物都属于一个有"阳信"名号的家族或个人。这些信息对于研究汉代帝陵陪葬制度、器物使用制度及手工业发展水平都非常重要。

为了奖励豆马村社员长期保护、上缴茂陵文物的突出贡献，县政府奖励村子2000元，1000元给村子买了一台彩色电视，其余发给有贡献的村民，其中高军田获得100元奖金，就连夜晚守护现场的老大爷也获得60元奖励。

这批器物出土的地方离汉武帝茂陵主陵这么近，但墓主人信息不明朗，也没有任何反映年号的线索。王志杰便向国家文物局申请继续勘探，获得同意后，在周围100亩的范围内进行了考古钻探，希望能找到一些证据。遗憾的是，虽然探明了39个丛葬坑，但没发现更有价值的信息。

这些问题我会在后文详细解读。现在，先来说说这次发现的器物。这些器物出土后就一直收藏在茂陵博物馆。其中一部分1991年调入陕西历史博物馆。1995年经国家文物局专家鉴定，有60多件文物被定为一、二、三级文物，两件被定为国宝级文物：一件是鎏金铜马，现藏茂陵博物馆。另一件就是调入陕西历史博物馆的这件鎏金银竹节铜熏炉。

为什么能被定为国宝级文物？是因为它的唯一性、精美程度和技术水平极其符合"中华文明发展的重要见证"这一关键标准。

说到这里，观众朋友可能会问：这件在西安以西40公里的汉武帝茂陵附近出土的器物是怎样到陕西历史博物馆的呢？专家又是如何进行解释的呢？

1991年，按照周恩来总理的遗愿建成的陕西历史博物馆就要对外开放了。为了充实基本陈列，从全省范围征调文物。这件器物便正式调入，一直对外公开展出。

这件国宝级文物现在在陕西历史博物馆基本陈列"陕西古代文明"第二展厅公开展出。说明牌上的名字是鎏金银竹节铜熏炉。通高58厘米、口径9厘米、底径13.3厘米，重2.57公斤。

我们先来看造型，这件器物总共由三部分组成：底座、顶部的盖子和中间竹节形的柄。整个造型恰似一朵含苞欲放的花蕾，亭亭玉立，富丽端庄。

最下面部分是底座［图6］。其高7厘米，为圈足形，上面有两条透雕的蟠龙，昂首张口咬住竹柄。龙身上雕刻着密密麻麻的麟甲纹，麟甲全部鎏金，只有眼睛、胡须和爪子鎏银。

竹节形的柄［图7］长37.5厘米，分成五节，每节上还刻着竹

图 6　鎏金银竹节铜熏炉底座

叶，柄的上端有三条蟠龙，龙头将熏炉盘托起。龙身鎏金，四只龙爪鎏银。

熏炉盘［图 8］外形像一个圆底的钵，高 6 厘米，外壁下方有 10 组三角形装饰，里面雕刻着蟠龙纹，盘口沿有一圈鎏银的宽带纹，内底还残留着燃烧过的痕迹。

炉盖［图 8］高 6 厘米，为博山形，炉体下部也雕刻着蟠龙纹，底色鎏银，龙身鎏金，炉体上部浮雕着四条金龙，龙首回顾，龙身从波涛中腾出，线条流畅，造型奇妙。

从整体装饰上看，这个熏炉也被分为 3 个装饰区域，总共装饰着九条龙。"九"在我国古代象征最高数字，是皇权的一种体现。竹节顶端刻有 3 条蟠龙，龙头托着炉盘，盘上浮雕着 4 条游于波涛之中的游龙。炉盖透雕着多层山峦，山峰间暗藏缝隙，当香料点燃后，烟雾就会从缝隙中袅袅散出，弥漫在山峰之间，其景象犹如云雾缭绕的海上仙山。在这缥缈的烟雾中，盘中雕刻的 4 条游龙好似要从这波涛浩渺中腾空而起。竹柄分五节，寓意为节节高升，也有九五之尊的意思。工匠们将熏炉

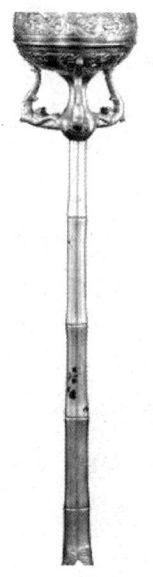

图 7　鎏金银竹节铜熏炉竹节形柄

图 8　鎏金银竹节铜熏炉熏炉盘与炉盖部分

与烟雾完美地结合在一起，使之成为一件艺术瑰宝。

再来看铭文，这是最有价值的部分。炉盖口外侧刻一圈铭文，6句话，36个字：

内者未央尚卧，金黄涂竹节熏卢（炉）一具，并重十斤十二两，四年内官造，五年十月输，第初三。

意思是说：负责未央宫宫中帷帐及衣物的官员"内者"中掌管布置寝室的人"尚卧"，金黄涂熏炉一件，总重量是10斤12两，四年由内官制造，五年十月送出，编号为3号。

底座圈足外侧也刻一圈铭文，6句话，34个字：

内者未央尚卧，金黄涂竹节熏卢（炉）一具，并重十一斤，四年寺工造，五年十月输，第初四。

意思是说：负责未央宫宫中帷帐及衣物的官员"内者"中掌管布置寝室的人"尚卧"，金黄涂熏炉一件，总重量是11斤，四年由寺工制造，五年十月送出，编号为4号。

这些铭文清楚地记载了这件器物的质地、名称、制作单位和制作时间、使用单位和管理单位、重量、年月、件数编号和功能等信息，这是关于未央宫熏炉的非常完整翔实的档案文件。

细心的读者也许已经发现，盖子和底座铭文的第一句、第二句、第五句相同，第三句重量、第四句制造单位地点、第六句序号不同。按理说，一件器物上的信息应该是一样的，但为什么两段铭文会有不同的地方？后边我还会给大家解释。

这两段铭文为我们提供了八个方面的信息：

第一，这件器物是什么时期的？

目前，学术界对它的考证是西汉汉武帝时期，主要证据有四点：一是它出自汉武帝茂陵陪葬墓周围，大的时间框架上应该在这一时期。二是学术界普遍认为博山炉是汉武帝时期才出现的新的熏香器具。博山炉出现在西汉时期，与燃香原料、人们的生活方式有关。西汉之前，人们使用茅香，就是将薰香草或蕙草放置在豆式香炉中直接点燃，虽然香气馥郁，但烟火气很大。汉武帝时期，南海地区的龙脑香、苏合香传入中土，并将香料制成香球或香饼，下置炭火，用炭火的高温将这些树脂类的香料徐徐燃起，香味浓厚，烟火气又不大，因此出现了形态各异、巧夺天工的博山炉。三是博物馆的说明牌上解释说，这是汉武帝赐给阳信长公主及其丈夫大将军卫青的赏物。四是最关键的，铭文中有"四年"字样，很多人认为这是指汉武帝建元四年，即公元前135年。当然也有一些人反对这个说法，但是大部分还是认为是这个时期。

第二，这件器物是做什么用的？

熏炉盖子口沿外侧和底座圈足外侧的铭文都有"尚卧"两个字。这两个字就解释了它的用途，卧室中的用具。但"尚卧"这个词在史书中没有记载。《汉书》中只有"省中五尚"的记载：

> 省中有五尚，曰尚食、尚冠、尚衣、尚席、尚帐。后遂省，

并尚食于太官、汤官。

铭文中的尚卧说明，除了史书记载的"五尚"之外，应该还有负责洗浴的"尚浴"官员和负责寝卧的"尚卧"官员。尚卧官员主要负责卧室卧具的准备，还要负责香薰。因为汉代人特别重视室内清洁卫生，常常熏衣染被，改善卧室环境。这样做不仅可以使人心情愉悦，还能通过熏香获得一定的保健养生功能。因为香药在燃烧过程中，既可以让人心神安定，又可以在就寝时有助睡眠。这点也正好佐证了"尚卧"的含义。因此，这件器物是放在卧室中的熏香器具。也有专家认为它主要用于大型宴饮场面。我个人倾向于第一种观点。

第三，它的制造时间是什么时候呢？

炉盖和底座记录的制造时间都是四年，即建元四年（公元前135年），汉武帝当政的第五个年头。也有人认为汉文帝、汉景帝、汉武帝时期都有可能。但是根据学术界普遍认为的"博山炉"是汉武帝时期才开始流行的这一观点，这件熏炉应是汉武帝时期的。

第四，它是哪里制造的呢？

盖子和底座的铭文记载的制造单位各不相同。盖子上的铭文是"内官造"，底座上的铭文是"寺工造"。按照《汉书·百官公卿表》《史记·景帝中六年纪》《汉书·律历志》等文献记载，"内官"是主要负责制造器物和度量衡的官员；但"寺工"在文献中没有记载，只出现在铜器铭文中。在秦代，"寺工"主要制作武器；在西汉时期，"寺工"主要负责制造生活所用的铜器。绝大多数为宫廷用器。这件熏炉上既有"内官造"又有"寺工造"的铭文，说明这两个机构都曾经给"内者"制作熏炉。

第五，这个如此精美的器物，它的名字到底叫什么？

盖子和底座的第二句铭文相同，都是"金黄涂竹节熏炉一具"。"金黄涂"说的是它的制作工艺，其实就是后世所说的鎏金工艺。这种工艺起源于战国时期，汉代称"金黄涂"或"涂金黄"，唐代时称"镀金"，北宋时才出现的"鎏金[①]"一词。因此颜色和工艺应该是"金黄涂"。但仔细观察，在炉盖上的铭文中，"熏"字是后来被补刻在"节"字的旁边，说明最初这件器物叫作"炉"，后来才叫"熏炉"。因此，根据熏炉的自铭，它在最早被称作"金黄涂竹节炉"，后来改成"金黄涂竹节熏炉"。

按照常理，古代器物一般是按照自身所带名称命名的，比如，青铜器的定名原则是首先要尊重自铭，就是说青铜器铭文中对刻铭的这件器物有称谓的。所以应该叫它原来的名字"金黄涂竹节熏炉"才对。但最初专家起的名字"鎏金银竹节铜熏炉"一直延续下来。按照现在文物界一般把有盖的称为"熏"，无盖的称作"炉"的定名方法，这件器物熏与炉合二为一。

可以建议博物馆把说明牌由"鎏金银竹节铜熏炉"改成"金黄涂竹节熏炉"，或者在说明文字中予以说明。

第六，这件器物有多重？

炉盖和底座铭文记录的熏炉的重量也不一样。盖上铭文记载"并重十斤十二两"，而底座铭文记载"并重十一斤"。这里要特别注意"并"字，说的是炉盖和炉体两部分的总重量。

汉制的每斤16两约等于现在的248～252克。以此换算，一种说法是炉盖和身体总重量是2692克，另一种说法是总重量是2750克。

第七，还有哪些信息？

盖子和底座上第五句铭文都是"五年十月输"。有些专家认为，

[①] 鎏金：最早见于北宋丁度所著的《集韵》。

"输"是"输者，送也、赠送、赏赐之意"，说的是建元五年的十月，汉武帝将熏炉赏赐给阳信长公主。也有一些学者不同意这种说法，他们认为"输"应为运送、运输之意，而不是赏赐的意思。因为在中国古代，上予下谓之"赏"或"赐"，下予上谓之"贡"或"输"。这句话可以解释为"内官、寺工"在"四年"就已经造好了熏炉，"五年十月"才把熏炉送到未央宫。

第八，盖子和底座的编号为什么不一致？

第六句铭文是器物编号，盖子上刻着"第初三"，底座上刻着"第初四"。同一器物为何什么有两个不同编号？既然有"初三、初四"的编号，就应该有"初一、初二"的编号熏炉。可见，这件熏炉不应只有一件，原本应为成对之物。这也就能解释为什么重量、制作单位等有不一致的地方了。

汉代文献记载："太子纳妃，置两件博山炉。"汉代墓葬墓室两侧壁画中呈对称状各有一高柄熏炉。因为这件器物是迄今发现的同类器物中的唯一一件，铭文中重量不同、制作单位不同，炉盖与炉体扣合不紧密，盖子和底座铭文字迹也有明显差异，都说明这件熏炉是将盖子和炉体错误搭配的结果，应该是在使用过程中出现了疏忽。很显然，还应该有另一件与之配对的"金黄涂竹节熏炉"，可能隐没于尘埃，等待重见天日。

但是，也有学者认为不同的编号是部件单独铸造并标记的结果。根据考古发掘报告可知，炉盘和炉身是分别铸造并铆合的，实测结果也表明炉盖铭文中的"并重十斤十二两"标记的是炉盖和炉盘的总重，底座铭文中的"并重十一斤"标记的则是炉柄和底座的总重。至于两处铭文中出现的不同工官，应当是标明各部件有不同的制造者。

这件器物都采用了哪些制作工艺？

它是用分型铸造的工艺制作的，盖子、熏炉盘和底座都是分别铸造的，经过插接、铆接或焊接等工艺做成完整的器物，再用一种"金黄涂"或"涂金黄"（后来称为鎏金）的高级金属镀涂技术进行表面处理，形成与贵重的黄金一样的金灿灿效果。

通过观察，还可以发现，器物表面不仅有技术难度很大的鎏金，还有更高难度的鎏银部分，在工艺上具有更高的水平。除了鎏金技术外，还能看出高超的金属雕塑和铸造技术，其加工精度和表面光泽度竟已接近现代机械加工的水平，确实是一件罕见的艺术与技术相融合的国家工匠制造。

我们发现，这些铭文中只说明这件器物是未央宫的寝宫中的熏香炉，它怎么会出现在茂陵陪葬墓的丛葬坑呢？为什么博物馆的说明牌上出现它就是"汉武帝赐给阳信长公主及其丈夫大将军卫青的赏物"的说法呢？器铭上对此事只字未提，而且熏炉是村民在田间耕作时先单独发现，并未证实为同一坑所出之器，所以关于它的归属问题就成了谜。

综合以上信息，我们大致了解到：这件器物原来的名字叫"金黄涂竹节熏卢（炉）"，由专门为宫廷生产生活用具的单位制造。最初出现在未央宫，是皇宫的用具，最后又如何出现在汉武帝茂陵陪葬墓周围丛葬坑呢？

我个人认为，可能是皇帝，比如汉武帝或生活在未央宫的皇帝家属，比如窦太后、王皇后等，把自己使用的器物赏赐或赠送给了其他重要的皇室成员或有功显贵，接受礼物的人非常喜欢这件器物，不仅生前用在寝室中熏香，死后还带它陪葬于茂陵，让它继续在阴间为主人服务。从这个角度也说明主人身份的尊贵。

这个人到底是谁？跟它同时出土的18件器物上的"阳信家"三个字可能为我们提供一些线索。这些器物主要有暖手炉、铜盘、铜甗、铜钟、铜鼎、铜灯、铜樽等非常精致的生活用具，与熏炉同时使用。

带有这三个字的器物在其他地方也有发现，比如一些传世器物，还有河北满城汉墓出土的长信宫灯被认为原来是阳信宫灯，从铜器风格、特点和铭文来看，应该属于一家的生活用具。

那么，"阳信家"是指谁？

根据《汉书》《史记》记载，阳信最早是西汉时期的一个县名。西汉初期，汉武帝当上皇帝之前，曾经有两个家族被封为"阳信侯"，一是高祖五年（前189年），吕清被封为阳信胡侯，前179年他死后由儿子吕臣承嗣；第二家是刘揭父子之家。汉文帝元年（公元前179年）二月，有个叫刘揭的官员，在拥立汉文帝继位过程中建立了卓著功勋，而被汉文帝封为阳信夷侯（阳信夷侯国都在今山东省无棣县东北），赏赐千金。刘揭是主管边区少数民族事务和诸王列侯朝聘事务的典客，他用计谋拿到了掌管军权的吕禄的印章，调动军队，一举消灭了吕后家族。刘揭享用阳信侯称号长达14年，汉景帝前元六年（公元前151年），他的儿子参与叛乱被废除了阳信侯的封号。

后来，阳信的封号又给了谁？

翻遍《汉书》，终于在《卫青传》中发现这样一条记载：

> 平阳侯曹寿尚武帝姊阳信长公主。

如淳注释的《史记·卫将军骠骑列传》中有：

> 本阳信长公主，为平阳侯所尚，故称平阳公主。

意思是说，汉武帝的姐姐封号为"阳信长公主"。她嫁给了阳平侯曹寿为妻，又称"平阳公主"或"平阳主"。由此可知，阳信公主应该就是汉武帝的同胞姐姐。根据这条记载，我们才知道，阳信公主就是历史文献中提到的汉武帝姐姐平阳公主、平阳主。因为，史书中关于平阳公主的记载有31处之多，只有这两处记载阳信公主，所以大家只知平阳公主而不知道阳信公主。

史书记载汉景帝有 14 个儿子、3 个公主，其中一子三女是与王皇后所生。其中长女为阳信公主，她有什么特殊之处？如何获封阳信公主？

她何时，又是怎么得到这件精美器物的？

凭什么断定她就是这个器物的主人呢？

（陕西历史博物馆　杨瑾）

隐于幕后的大汉长公主

让熏炉说话,让文物复活,无数的历史研究者结合文物和史料,已经慢慢揭开了鎏金银竹节铜熏炉背后负载的历史信息。那么这件国宝级文物的主人真的是历史上的阳信公主吗?作为汉武帝的姐姐,阳信公主是个极富政治智慧的人。她先后两次向汉武帝进献美人,都深得汉武帝的宠爱,而她自己身上又有怎样的浪漫传奇故事呢?这件熏炉是如何归她所有?它为什么又会出现在汉武帝茂陵陪葬墓的从葬坑里呢?

一、神秘的大汉公主

由于史书中并没有关于阳信公主的专门记载，有关她的信息散落于与她关系密切的人们的记载中，比如汉景帝与王皇后、汉武帝、卫子夫、李夫人以及她的三任丈夫——曹寿、夏侯颇和卫青。因此，她的名讳、生卒年月及一些重要活动都不清楚，因而显得有些神秘。让我们先从跟她关系密切的人开始梳理。

阳信公主是西汉第六位皇帝汉景帝刘启与第二位皇后王娡的长女。景帝和王皇后生有三女一子，儿子最小，就是后来的汉武帝刘彻。

作为长女，阳信公主应该是受到特别的宠爱和培养的。据说，阳信公主善解人意，性情浪漫，对弟弟关怀备至，有理想，有抱负，还有想法，赢得了满朝文武、皇亲国戚，特别是汉武帝刘彻的敬爱。

按照汉朝的制度，皇帝的女儿皆封县公主，仪服同列候。其尊崇者，如号长公主，仪服同蕃王。按照级别，为公主设立家令、家丞、主簿等官吏。显赫的皇族出身、尊贵的王侯等级，至高无上的皇权，尊严的君主专制制度在她们身上表现得淋漓尽致。这就是秦汉时代所谓的尚主制度。汉家列侯娶天子之女叫作"尚公主"。"尚"就是"上"的意思，不敢说娶。能与皇帝女儿结婚，于家族于个人都是一件非常荣耀的事情。开国功臣、列侯、外戚家族的子孙等都可以娶公主。但因公主养尊处优，骄奢霸道，并非所有娶公主者都幸福，有的甚至因福得祸。这样的例子很多。

汉武帝刘彻即位后，他的姐姐阳信公主被尊为"长公主"，享受诸侯王的待遇。

至于她什么时候被称为阳信公主，不清楚。有一种比较可信的说法是，阳信侯刘揭死后，其子刘中意于汉孝文帝十五年袭为阳信侯。汉景帝前元六年（公元前151年），"中意有罪，国除"。大概就在去除刘中意阳信侯的第二年，汉景帝前元七年（公元前150年），汉景帝又把"阳信"的称号和封地都给了他的长女，汉朝时一般以公主的封地或夫家封地所在地称呼公主，这就是阳信公主称号的来历。同一年年仅7岁的刘彻被立为太子。

后来她嫁给开国功臣曹参的曾孙平阳侯曹寿（又称曹时）。平阳是曹参的封国，即今山西临汾市。按照惯例，公主又被称为"平阳公主"。

因此，《史记》和《汉书》也把阳信公主称为"平阳公主"或"平阳主"。这也是人们不知道她叫"阳信公主"的原因了吧。

当然也有人不赞成平阳公主就是阳信公主的说法。但根据目前学术界主流观点，我们认为应该是一个人。

由于阳信长公主的生卒年月在史书中没有记载，根据汉武帝出生年份和卫青迎娶公主的时间，大致估计，阳信长公主生于汉文帝时期，汉武帝元鼎年间还在世。根据《外戚传上》记载，元朔二年（公元前127年），卫青在抗击匈奴的战争中立下了赫赫战功，被封为长平侯，完成了从奴隶到将军的精彩故事，后来，娶了阳信公主为妻，又演绎了一段主仆之间的旷世奇缘。元封五年（公元前106年）卫青去世，阳信公主应该在元鼎六年（公元前111年~前106年）去世。

二、阳信公主的三次婚姻

按理说，贵为公主，金枝玉叶，锦衣玉食，阳信公主应该过着幸福而富足的生活，富足应该没问题，幸福吧，可能不然，因为她的婚姻生活一波三折。她一生总共经历了三次婚姻。

阳信公主的第一次婚姻是下嫁平阳夷侯曹寿（也称曹时），曹寿是西汉开国功臣曹参的曾孙。她的第二次婚姻是嫁给了汝阴侯夏侯颇，夏侯颇是西汉开国功臣夏侯婴的曾孙，这段婚姻留给她的却是伤痛和屈辱。她的第三次结婚是嫁给了汉武帝刘彻的皇后卫子夫的弟弟，长平烈侯卫青，这次婚姻她很愉快。前两位丈夫都是家世显赫、功勋盖世的权臣之家，第三位丈夫却出身卑微，但立下盖世军功而显赫一时，也成就了西汉一段美妙姻缘。

（一）初嫁曹寿

我们来看她的第一次婚姻。阳信公主是哪一年嫁给曹寿的，现在已无法考证，但可以确定的是，她因此被称为平阳公主。据《史记·曹相国世家》记载：

> 子时代侯。时尚平阳公主，生子襄。时病疠，归国。立二十三年卒，谥夷侯。子襄代侯。

大意是元光五年，平阳侯曹寿病死在封地，两人所生儿子曹襄继承了平阳侯爵位。也有人说，公主不能生育，曹襄其实是曹时与情人所生，由公主抚养成人。曹襄的妻子是平阳公主的弟弟汉武帝刘彻与皇后卫子夫的长女卫长公主。

驸马死了，公主难过是会难过的，但更多的是为寂寞和漫漫长夜无心睡眠而惆怅。但这次婚姻期间，她促成了卫子夫与汉武帝的爱情姻缘。当时，她并不知道她帮卫子夫，也就是帮了自己，为她日后的第三次婚姻埋下了伏笔。也决定了自己的命运走向。历史就是这样有趣，这个时候的阳信公主并不知道她自己未来的命运走向。

（二）改嫁夏侯颇

阳信公主第二次婚姻是改嫁给了开国功臣夏侯婴的曾孙汝阴侯夏侯颇。有的说，公主守寡7年后才嫁，有的说很快就再嫁了。史书中关于这一段婚姻的记载很少。《史记·樊郦滕灌列传》记载道：

> 子侯颇尚平阳公主。立十九岁，元鼎二年，坐与父御婢奸罪，自杀，国除。

《汉书·高惠高后文功臣表》记载说：

> 元光二年，侯颇嗣，十八年，元鼎二年，坐尚公主与父御婢奸，自杀。

上面两段写的是同一个人——汝阴侯夏侯颇。夏侯颇在元光二年（公元前133年）嗣侯，后来娶了丧夫的阳信公主。也许是因为仓促再嫁，婚后的生活并不是美满的，尽管娶了公主，皇帝的姐姐，但丈夫夏侯颇却和他父亲的姬妾长期通奸。

元鼎二年（公元前115年），与父亲小妾私通的丑闻被曝光，夏侯颇畏罪自杀。可见，公主的第二次婚姻也是不幸的，因为夏侯颇的私通行为恐怕不是一朝一夕，只是在元鼎二年才事发。

阳信公主再度守寡。让她更为伤心的是，她唯一的儿子曹襄也离开了人世。她倍感孤寂。

（三）终嫁卫青

不久，她迎来了第三次婚姻，嫁给了一个叫卫青的人。

这个卫青是她再熟悉不过的人了。阳信公主嫁入曹家时候，她的奴婢卫媪与在府上当差的平阳县吏郑季私通，生下卫青。卫青就成了阳信公主府的奴仆，同母异父的姐姐卫子夫则是歌女。后来，卫子夫通过阳信公主受到汉武帝宠幸,她的弟弟卫青也被重用,屡建军功。元光元年,卫青被封为长平侯,元朔五年又被封大将军。

此时的卫青今非昔比,已经是立下赫赫战功的将军了。

班固《汉书·卷二十五·卫青霍去病传·第二十五》中有这样的记载:

> 初,青既尊贵,而平阳侯曹寿有恶疾就国,长公主问:"列侯谁贤者?"左右皆言大将军。主笑曰:"此出吾家,常骑从我,奈何?"左右曰:"于今尊贵无比。"于是长公主风(讽)白皇后,皇后言之,上乃诏青尚平阳主,与主合葬,起冢像庐山云。

正逢阳信公主寡居,要在列侯中选择丈夫。许多人都说大将军、大司马、长平烈侯卫青合适,阳信公主笑着说:"他是我从前的下人,过去是我的随从,怎么能做我的丈夫呢?"左右说:"大将军已今非昔比,他如今是大将军,他姐姐是皇后,他的三个儿子也都封为侯爵,富贵震天下,哪还有比他更配得上您的呢?"汉武帝知道后,失笑道:"当初我娶了他的姐姐,如今他又娶我的姐姐,这倒是很有意思",于是当即允婚。时迁事移,当年的仆人就这样成了主人的丈夫。

这样,汉武帝和卫子夫、卫青和阳信公主,在中国古代婚姻和家庭史上留下了一段佳话:汉武帝和卫青互为姐夫,又互为小舅子;卫子夫和阳信公主互为弟媳妇。

就这样,阳信公主凭着皇帝大姐的特殊身份,凭着自己的政治智慧和活动能力,成功地对皇室家族及当时的政治格局产生了重要影响。她从皇室权力更替和弟弟幸福出发,与馆陶公主母女斗争,将自己的侍女献给了汉武帝为妃,后来成了皇后。她又把那个侍女的弟弟献给汉武帝为将,后来成了打败匈奴的著名将军卫青。通过这一政治投资,她成功地掌握了主动权,巩固了自己和母亲在后宫的地位。

至于阳信公主什么时间嫁给卫青的,历史记载也有矛盾之处。褚少孙续补的《史记》认为是元朔五年或六年(公元前124年或公元前123年),卫青和霍去病漠北大胜仗后;《史记》则说是元鼎二年(公元前115年)之后,此时霍去病已经病逝。两人的婚姻没有超过十年。

元鼎六年(公元前111年)后,史书中就没有了有关公主的记载,而公元前106年卫青也病逝了。关于阳信公主与卫青合葬的问题,历史上有不同的说法。一种说法是卫青死后与公主合葬,就是说公主已经去世;另一种说法是《汉书》的记载,平阳公主第三次守寡后,没有再嫁,临死前她主动要求与卫青合葬,而且卫青的儿子因为公主的关系继承了卫青长平侯爵位。两人谁先逝世、公主的死因都已经没办法知道了。据考证,阳信公主的墓冢在卫青的庐山冢东侧1300米处①,当地人称"羊头冢"。还有一种说法是汉武帝下诏把姐姐埋在茂陵。汉武帝生前就有旨意,阳信公主和卫青死后都要葬在他的茂陵的东侧,作为至亲的陪葬墓。

虽然史书多称阳信公主为平阳公主,阳信公主几乎不为人知。但事实上,生活中的阳信公主始终以她自己的封号"阳信"为称。

1981年5月,汉武帝茂陵东边一座墓坑出土了多件铭刻有"阳信家"的青铜器,证明了阳信公主的存在和奢华生活。考古专家说:"推定这批铜器属于武帝之姊阳信长公主家之物。"

阳信公主一直深得汉武帝的尊重并再嫁卫青,跟卫青的姐姐卫子夫有很大关系。这也就牵出了阳信公主为汉武帝"二献美女"的故事。

---

① 依西汉的合葬制度两人并不同墓。

三、二献美女

大家都知道,作为大姐姐,阳信公主非常关心自己的弟弟汉武帝,也是汉武帝非常倚重的人,因此,阳信公主也成了汉武帝时代一个具有重要影响的政治人物,她曾经两次成功地给汉武帝推荐了两个美人。两个美人都受到宠幸,大红大紫。

第一个是婢女变皇后的卫子夫,第二个是倾城倾国的李夫人。

先说说卫子夫。公主第一次结婚后,曹府中一位名叫卫媪的奴婢,卫媪带着三个女儿和一个儿子在曹府生活,后与往来曹府的县吏郑季私通生下男孩卫青(卫媪后来还和其他人生了两个儿子)。卫媪的三女儿名叫卫子夫,她美丽动人,有一副好嗓子,便成为阳信公主府上的歌女①。

大家都知道金屋藏娇的故事吧。公元前141年,汉景帝去世后,年满16周岁的刘彻继位,立传说中金屋藏娇的太子妃陈阿娇为皇后,两人结婚10多年一直没有孩子。作为大姐的阳信公主特别着急,这不仅关系到刘氏家族的传宗接代,而且事关政治权利继承的大问题。因此,公主就到处寻访合适人选,并将挑选的十几位漂亮女子养在府中,进行一些基本礼节、服饰和应酬场面的培训,准备送进宫里,让汉武帝选取为妃。

建元二年(公元前139年)春,适逢汉武帝在霸上祭扫,来到平阳侯家中,阳信公主就将这些美女装饰打扮起来,供汉武帝选择。但汉武帝看后,都不满意。没办法,阳信公主便好酒好菜招待,叫上来一群歌女助兴。汉武帝一眼就瞧上了美丽的歌女卫子夫,两人一见钟情,

---

① 歌女:汉代称讴者。

卫子夫得到了武帝的宠幸。阳信公主便把卫子夫送给了她的弟弟。

根据《史记卷四十九·外戚世家·第十九》记载，汉武帝非常高兴，给阳信公主赏赐了1000斤黄金，表示感谢。第二天卫子夫临上车入宫时，阳信公主轻轻拍着她的背说："行矣，强饭，勉之！即贵，无相忘。"翻译过来就是，"去吧，好好吃饭，保重身体，勉力求进！如果显贵了，不要忘了我"。

阳信公主给她自己的弟弟找情人，得罪了弟媳妇陈阿娇和陈阿娇的母亲馆陶公主刘嫖，也就是阳信公主的姑姑。此事实际上是阳信公主与馆陶公主对皇权的争夺。馆陶公主非常生气，责怪阳信公主说："帝非我不得立，已而弃捐我女，你们这不是忘本吗？"阳信公主说："用无子，故废耳。"很不客气地回击了她的姑母。

后宫美女如云，还有霸道嫉妒的陈皇后。卫子夫入宫一年多没再受宠幸。一年后，汉武帝打算释放一批不中用的宫人，在挑选宫人的时候再度见到了卫子夫。卫子夫哭着要求出宫，让汉武帝痛爱不已。建元三年（公元前138年）深受宠爱的卫子夫怀孕了，汉武帝更加高兴，但这又惹恼了陈皇后和她的母亲馆陶公主，她们命人绑架了卫子夫正在建章任职的弟弟卫青，意图杀害他，幸亏卫青的同僚公孙敖及时救了他。汉武帝知道后，封卫青为侍中、建章监，封卫子夫为夫人，卫家从此显贵，五人封侯，一时名扬天下。

后来，卫青和他的外甥霍去病在汉朝对匈奴的战争中立下了赫赫战功，使得大汉北方边境得以长治久安。而卫子夫也受到"大幸""有宠"，育有三女一男。元朔元年（公元前128年）三月甲子日，卫子夫被册立为皇后，被称为"草根皇后"。后来就有了上面讲的汉武帝和卫青都娶了对方的姐姐这件有趣的事情。

征和三年（公元前90年），当了38年皇后的卫子夫因其在巫蛊事变中支持太子而惹怒了汉武帝，被收去了皇后印玺，卫子夫自缢而死，葬于长安城外的桐柏。

宣帝刘询即位后，追谥卫子夫为思皇后，重新以皇后礼仪安葬她，置园建周卫奉守。宣帝势力稳固之后，又提升了陵园规格，守墓人由原来的三百人扩充为千人。桐柏就是长安城覆盎门外南北大道之东，汉书所写的改葬只是指重新以后礼安葬，并没有改变安葬地点。

卫子夫作为汉武帝的皇后时间长达38年，是中国历史上在位第二长的皇后①。卫子夫也是中国历史上第一个有单独谥号的皇后——思后②。自她之后，历代皇后在丈夫的谥号之后也开始有了形容自己的独立的谥号。

在男尊女卑的时代，像卫子夫这样歌女出身身份卑微的女子，虽成为皇后，但仍与"王者之娶，必先选于大国之女，礼仪备，所见多"的标准格格不入，在后来的历史中很少被提及。但是歌女与皇帝的爱情故事却流传了下来，平阳歌舞也成为一段佳话，也是民间戏曲作品中最乐于表现的才子佳人、英雄与美女故事的升级版。在这些故事中，"卫娘"的称呼也成了文学作品中姿容出众能歌善舞的女子的代称。卫子夫虽身世低微，后世也默认了其38年的恭谨品行。就是在今天，当我们翻开诗词歌赋，卫子夫的形象依旧是汉武帝在平阳侯府初次相见时的那个模样，一头黑发闪烁着绸缎般的光泽，依旧那么美丽、迷人，仿佛不曾老去。

阳信公主给她弟弟进献的第二个美女是大名鼎鼎的李夫人。汉武帝时，有个宫廷音乐家叫李延年，他才华横溢，深得汉武帝的宠信。据《汉书·外戚传·孝武李夫人列传》记载，元鼎六年（公元前111年）的一天，李延年为汉武帝献歌，他唱道：

---

① 第一位是明神宗王皇后。
② 谥法曰：道德纯一曰思。

北方有佳人，绝世而独立。一顾倾人城，再顾倾人国。宁不知倾城与倾国，佳人再难得！

翻译过来就是，北方有佳人，风姿绝世，亭亭玉立，回眸一望能倾覆城池，回首再望能倾覆国家，岂不知倾城倾国的祸患，只因为佳人难再得！汉武帝听后叹息说："好！世上真有这样的人儿吗？"与汉武帝一起欣赏歌舞的阳信公主不失时机地推荐，说："李延年有个妹妹就是这么一个倾国倾城的美人，不仅美貌无比，而且性格温柔多才多艺。"汉武帝一听，大喜过望，立即召见李延年的妹妹，一下子就被她的天生丽质和高超的舞技深深吸引。汉武帝对她宠爱有加，封她为李夫人。"倾城倾国"一词由此而来。

可惜的是，李夫人红颜薄命，年纪轻轻就病逝了。去世前，汉武帝要见病中的李夫人，她坚持不见，说："我现在病了，容貌破坏，不可相见。我是以容貌赢得陛下赏识的，陛下念念不忘的其实是我那副容貌。现在它已不复存在，何必见面呢？"汉武帝以皇后的身份，把她隆重地埋葬于茂陵，而且离自己的主陵只有500米的距离，规模也最大，享受着其他皇后所没有的待遇。后来汉武帝还让画师将她的容貌画下来挂在甘泉宫。只有这样的聪慧女子才会在英年早逝之后，留给汉武帝一个最长久、最美好的回忆。

当年卫子夫得宠，是阳信公主引见，这次李夫人得宠，又是阳信公主的一句话促成，这难道是巧合吗？阳信公主怎么知道李延年的妹妹就是大美人？可能是公主发现卫子夫年老色衰，已经拴不住汉武帝的心，于是到处搜罗美女，召入府第并精心安排了这场"演出"，将李夫人隆重推荐给汉武帝从而确保自己的地位和权力。我们也不知道，她是不是也像当年拍着卫子夫的背那样，让李夫人别忘了她这个大媒人。但引见李夫人的目的和当年引见卫子夫应该是一样的。

阳信公主与李夫人生前关系密切,两人死后都陪葬她们心爱的汉武帝。但史书对阳信公主墓的记载远远没有李夫人多。

从这些事迹来看,阳信公主是深得父亲、母亲和弟弟倚重和信赖的人,她的最大贡献就是:造就了一个皇后、一个大将军,在汉代宫廷中非常有影响力,敢于和自己的姑母叫板,称得上有勇有谋,有政治抱负和才干的女中豪杰。

能发挥如此重要作用,拥有如此显赫的社会地位,她拥有这批精美器物的可能性更大了。

那么,阳信公主什么时候去世的?史书也没有记载,元鼎六年(公元前111年)阳信公主给汉武帝进献李夫人后,史书中再也没有了关于她的记载。

四、香魂归何处

根据《汉书·卫青霍去病传》记载,卫青,字仲卿,河东平阳(今山西临汾西南)人,母亲是阳信公主家的奴婢,与郑季私通而生下了卫青。卫青长大后,自然也成了阳信公主的家奴,但他武艺高强,又足智多谋。他的同母姐姐卫子夫得幸于汉武帝后,卫青也受到重用。在抗击匈奴的战争中,他七次立下盖世战功,被封为长平侯,官至大将军、大司马,但为人谦和低调,深得将士们的拥戴。由于战功卓著,他姐姐又是汉武帝十分器重的皇后,因而"尊贵无比"。

卫青与汉武帝的大姐阳信公主结婚,成就了历史上甚为罕见的从奴隶到将军的励志故事。卫氏姐弟与汉武帝姐弟之间这种超凡脱俗的情谊故事为后人称颂。

公主与卫青合葬了吗?

汉武帝元封五年(公元前106年),卫青病逝,陪葬于茂陵。如今，茂陵东北 1000 米的地方便是卫青的墓，形状像"庐山"，是茂陵陪葬墓中规模最大的一座。

根据《汉书·卫青·霍去病传》记载：卫青死后，"与主合葬，起冢象卢山云"。这里的"主"就是指阳信公主。因为史书并未记载阳信公主去世时间和原因，学术界有诸多猜测，这句话似乎暗示阳信公主早于卫青去世，可能先葬于 1 号无名冢处，待卫青死后，公主迁葬于卫青墓团聚，与卫青墓并列于"庐山"形的大冢下（即同坟异穴）。原来的随葬器物仍埋无名冢处，未作搬迁，所以出现了现在所看到的这种现象。

甚至有人说，羊头冢就是在其原封土北二次堆积而成，形成一平台而得名。有人认为二次堆积是因将阳信公主的灵柩移至卫青墓东边合葬造成的，而羊头冢便成为衣冠冢，这种说法也有好几次在考古文献里出现过了。巧合的是，卫青墓封土北面也有个两层台，两个造型有些类似，被戏称为"情侣墓"，有可能是公主迁葬于卫青墓。

可是，汉代贵族夫妇合葬多为单独埋葬在同一茔区，很少见埋在一个墓穴中。

根据阳信公主帮助卫青儿子卫伉继承长平侯一事来看，公主去世的时间似乎晚于卫青，她就埋葬在羊头冢，陪葬坑出土的大量"阳信家"刻铭铜器便是证据。两座墓东西相距 1300 米，同在一个墓区也可以算为合葬。根据《汉书》记载，阳信公主主动要求与卫青合葬。西汉的合葬制是不同墓。从一起陪葬于茂陵陵园这个意义上说，夫妇两座墓相距 1000 多米也能称为合葬。

这样也就与颜师古的注释"在茂陵东，次去病冢之西，相并者是也"相吻合。这个相并者可能就是指卫青和公主的合葬墓。

按照古代贵族提前建造墓葬的传统，有人猜测，卫青和阳信长公主的墓应该提前就被设计规划在茂陵陵园。合葬只是一个名义上的说法，而且是为了尊重公主的等级。公主先去世，自然是卫青与主合葬；公主后去世，因为公主等级高，也是卫青与主合葬。至于二次土台，是汉武帝极其痛爱姐姐，给予特殊礼遇，扩墓造成的。

还有一点，当地老百姓相信羊头冢中的"羊"通"阳"，因此可称阳信冢。

当然，羊头冢是否真的就是阳信公主墓，单凭出土文物中刻有"阳信"两个字无法定论。因为阳信公主一生几嫁，这些东西就未必还是她的了。

这个墓有可能是阳信长公主的儿子曹襄之墓。曹襄去世时候的身份是万户侯，且与卫子夫的女儿卫长公主结婚。

因此，卫青和阳信长公主也有可能并没有合葬在一起。

理由是：首先，卫青墓的位置就是今茂陵博物馆西墙外边的大土冢，与1号无名冢相距约1300米，和汉书记载的"与主合葬"不太符合，两土冢附近又都有大土堆，要说这两个土冢是"合葬"，恐怕不确切。羊头冢二次堆积的两层台与改葬没有太大关系。其次，一般来讲公主不会陪葬弟弟的陵墓而是跟着父亲葬。第三，假设有迁葬。羊头冢本身规模很大，加上很多丛葬坑，没办法搬到其他地方。况且，也没有办法证明卫青墓埋葬了两个人，而且不符合汉代同茔不同穴的陪葬方式。

那么，公主的墓到底在哪？目前，有三个猜测，一个是羊头冢，另一个是编号为M14的墓葬，还有一个是茂陵围墙内编号为M2的墓，但因未进行考古发掘，这些观点无法一一验证。

也许，阳信公主的墓依然隐没于众多的无名冢之中。陪葬品想必也是极尽奢华，反映出生前的贵族生活水平。这件鎏金银竹节铜熏炉也是阳信公主生活中常用的器具。因为比起其他皇族成员，阳信公主的作用和影响力是无人能比的。她获得皇帝或母后或祖母的赏赐的机会和可能性要大得多，她也有着特别充分的理由拥有这件器物。也只有她的墓才有可能离汉武帝的陵墓这么近。这也是她能成为为数不多的女性陪葬者的原因，也才有可能把自己的器物"阳信宫灯"送给满城汉墓的主人。

还有一个重要原因是，阳信夷候刘如意被除去封号已经很久了，而且因叛乱被抄家之不祥物不可能带着原来的名号在皇族之间转来转去，也不可能再被带到墓里享用。还有一点，退一万步讲，就算带有"阳信家"的器物属于刘揭，而这个熏炉和鎏金马并未有这三个字，这两件东西属于刘揭的可能性，与阳信公主相比，可能也要小些。

尽管现在仍有学者坚持"阳信家"就是"阳信夷候刘揭"，有资格也有可能拥有这样的器物。我认为，"阳信家"就是指阳信长公主，也能站得住脚。这样，这件熏炉盖子和炉体错搭在一起会不会另有玄机，会不会是陪葬时搭配错了？还有一种大胆推测，有没有可能夫妇两人各埋一件？

（陕西历史博物馆　杨瑾）

闻香觅仙道

鎏金银竹节铜熏炉是西汉宫廷生活中常用的器具，那么，西汉宫廷为什么要用这种形状的熏炉进行熏香呢？在汉代，熏香是一件非常平常的事情，特别是在宫廷，熏香尤为讲究。熏香是汉代才有的，还是汉代以前就已经出现了？西汉时期的熏香与以前有哪些不同？汉代熏香之风盛行的原因是什么？这件鎏金银竹节铜熏炉产生的历史环境、时代背景和人物故事，尤其是与汉武帝有关的内容，为我们了解这件器物的归属和价值，以及汉代熏香文化提供了非常难得的线索。

上文我们讲到，熏炉是西汉宫廷生活中常用的器具，那么，西汉宫廷为什么要用这种形状的熏炉进行熏香呢？

从后期我们对这个器具的研究发现，这是汉代宫廷里一件非常常用的器具，就是用来在室内熏香的。在汉代，熏香是一件非常平常的事情，特别是在宫廷，熏香尤为讲究。

读者朋友可能会问，熏香是汉代才有的，还是汉代以前就已经出现了呢？

根据史书记载和考古发掘的实物资料证实，我们的老祖先在很早以前就开始用火熏烧植物来防止蚊虫叮咬，去除生活环境中的浊气，减少疾病的传播和困扰。考古发现的最早的熏炉是距今4000多年前新石器时代的陶质熏炉，说明那时候的人们已经开始燃烧一些带有特殊气味的植物，燃烧后的烟雾能够驱逐蚊虫、改善空气质量。后来也用焚香来进行神圣的宗教祭祀活动，祭天祭地祭祖祭神灵，通过焚香与神灵沟通。到西周时期，熏香变得越来越重要，朝廷还设有专门掌管熏香的官职。比如说，周文王发明了升烟以祭天的"烟"或"烟祀"的祭祀制度。这种以香烟祭神，就是后世所谓的"烧香"。

西汉时期的熏香与以前有哪些不同呢？

西汉时期创造了香文化历史上的第一个高潮。西汉时期，熏香的香料在种类、来源和用途上有了很大变化，熏香的形式和用具也有了很大变化，人们对待熏香的态度也有很大不同。

一是出于提高生活质量的需要。处于现代文明社会中，我们到处可见熏香习俗。在汉代人的生活中，熏香更是占有很重要的地位。人们认识到熏香的保健医疗作用，并越来越多地加以开发利用。人们注意到熏香不仅能驱散蚊虫，改善室内环境，使身体或衣物染上愉快的香气，还能消除疲劳并有催眠作用等，还有敬神祭祀、沟通神灵的神奇作用。由于皇帝的喜好，汉代社会新的熏香习俗很快兴盛起来，由宫廷逐渐发展到民间。比如，民俗五月端午，要在房中悬挂、熏烧艾草、芸香等，以防止蚊虫叮咬，防衣服、被褥被虫蛀；给小孩挂香囊，以驱邪恶。

死于汉文帝十五年（公元前165年）的马王堆一号汉墓的女主人辛追，在她的墓中就发现了十多种香料，主要有茅香、高良姜、姜、桂、花椒、辛夷、藁本、杜衡、佩兰等，这些香料既有长江地区的，也有黄河流域的。

二是汉代人相信"香气养性"，熏香之风在贵族中流行开来。熏香用具名目繁多，有香炉、熏炉、香匙、香盘、熏笼、斗香等。熏香用途增多，包括身上佩戴香料、用香料熏染衣服和被褥，在室内燃香，用香怡情，求仙问道，用香之盛是以前没有过的。熏香不仅有了流程、管理机构，成为一种风尚和一种行业，甚至还形成了一种宫廷礼制。根据汉朝卫宏撰写的《汉官日仪》记载：

"太官供食，五日一美食，下天子一等。尚书郎伯使一人，女侍史二入，皆选端正者。伯使从至止车门还，女侍史絜被服，执香炉烧熏，从入台中，给使护衣服也。"

说明宫廷用香的精致、气派和程序繁复。

汉代还有一种奇妙的赏香形式：把沉水香、檀香等浸泡在灯油里，点灯时就会有阵阵芳香飘散出来，称为"香灯"。其中最为流行的熏香器具是制作精良的铜博山炉［图1］。根据《汉代物质文化资料图说》，博山炉主要用来燃烧树脂类香料。

汉代熏香之风盛行的原因是什么？

图 1 （西汉）错金铜博山炉（藏于河北博物院）

我认为，主要原因在于汉代人追求生活质量和汉武帝的表率作用。汉武帝本人就嗜香成癖，他不仅自己喜欢，也鼓励其他人效仿。这样一来，各地官吏、邻邦诸国则竞相进贡异香，从而极大地带动了宫廷用香熏香习俗。子休氏就曾经说过：

> 汉武好道，遐邦慕德，贡献多珍，奇香叠至，乃有辟瘟回生之异，香云起处，百里资灵。

而且汉武帝还特别痴迷外国进口的香料。《魏略》记载了一种来自遥远的罗马帝国的香料：

> 薰陆香出大秦国①，云在海边，自有大树生于沙中，盛夏时树胶流出沙上。

---

① 大秦国：罗马帝国及近东地区。

汉武帝［图2］为什么这么喜欢熏香？这要从他的思想认识和当时的社会环境来分析。

图2　汉武帝像

汉武帝非常尊崇道教神仙思想，终其一生想尽办法追求长生不老。据说，熏香散发的烟雾可以通天，因而刺激了熏香习俗的发展。根据司马迁记载，道教方士对汉武帝说，东海之上有三座仙山，名曰蓬莱、方丈、瀛洲，山上有仙人居住，楼阁宫阙都是用金玉建造的，还有人们吃了可以长生不老的灵丹妙药。也有人认为，"博山"的"山"是指东岳泰山和西岳华山，因为山高也被视为距离神灵云集的天宫较近的场所，也是有神仙存在的长生不老之地。

汉武帝听信了方士的话，一直寻找蓬莱仙岛，寻找不得后，不仅上山祭拜，还下令建造高山状的景观和器具来表达对长生不老、羽化成仙的强烈追求。据说，汉武帝下令制造仙岛模型，用作自己的游乐园；把熏炉做成山峦状，非常享受山峦状香炉冒出的缥缈烟雾所营造出来的天宫幻想。于是，就有很多献媚者模拟传说中仙山景象，做成熏炉献给汉武帝。汉武帝如此痴迷熏香求仙，各个阶层也纷纷效仿，由此追求高山、崇拜海上仙山形成了一种社会风尚，熏香也成为汉代社会普遍流行的风俗，这也就解释了汉代墓葬中普遍陪葬各式熏炉的原因。

熏香的香料有些什么变化？最大的变化是，香料的种类增多、来源增多了。随着疆域的扩大和丝绸之路的开通，外来树脂类香料进入中国，让汉代人大开眼界，对熏香有了新的认识，特别是汉武帝本人，也对外来香料非常痴迷。可以说，汉武帝开创了中国历史上的辉煌时期，后来的很多神话传说都把他和奇香、异香、神仙故事联系在一起。

由于汉代皇帝的喜爱和汉代社会的鼓励，西域和南海很多国家派遣使者进贡香料，史料中这类记载很多。比如汉武帝时期，海国使者贡献龙华香，大秦国使者贡献熏陆香。其他进贡的香料还有乾陀罗耶香、兜木香、龙文香、返魂香、檀香、龙涎香、沉香、龙脑香、乳香、甲香、鸡舌香、避寒香、沉香、糜离之香、衡芜香、千步香等，有的是按照形状、颜色、功能、香味等命名的，有的是按照原来的发音直译过来的。从来源上看，有来自南海诸国的，有来自大秦的，也有来自月氏等遥远的西域国家的。

这些香属于树脂类香，它们是如何使用的呢？

根据学者研究，这些外来香料既可以单独使用，也可以自由调配或加工合成，比如百合之香就是把多种香料放在一起燃烧。香料调和在一起使用，香味更持久、更浓烈，杀菌驱疫效果更加显著。

可以说，这一时期的熏香形式和内容都大大增加了。

外来香料都有哪些特殊功效呢？我总结了一下，总共有八大神奇功能：

一是香味非常浓烈。

国外树脂类香料、合成香料的特点是：香气更加浓郁，持续更加长久，杀菌驱疫效果更加显著。但汉武帝对外来的香料也不是照单全收，他甚至对进贡的香料的形状、数量和品种都非常挑剔。《博物志》记载：

> 西域使献香，汉制献香不满斤不得受，西使临去乃发香器，如大豆者，试著宫门，香气闻长安四周数十里中，经日乃歇。

吴从先《香本纪》：

> 汉武帝尝夕望东边有云起，俄见双白鹄集台上，化为幻女，舞于台，握凤管之箫，抚落霞之琴，歌清吴春波之曲。帝开暗海玄落之席，散明天发日之香，香出胥池寒国。有发日树，日从云出，云来掩日，风吹树枝，即拂云开日光。西国使献香，名乾陀罗耶香，汉制不满觔不得受，使乃私走，着香如大豆许在宫门上，香自长安四面十里，经月乃歇。

郭子横《洞冥记》曰：

> 汉武帝於招仙阁烧靡离之香，屑如粟，一粒香气，三月不歇。

除了上面《博物志》和《香本纪》讲的西域名贵香料之外，《太平御览》卷九八一《香部》曰：

> 南海出千步香，佩之闻於千步也。汉雍仲子进南海香物，拜为涪阳尉，时人谓之香尉。日南郡有香市，商人交易诸香处。南海郡有香户。日南郡有千亩香林，名香出其中。

二是能防止瘟疫蔓延。

西晋张华《博物志·诵物志》卷之二《异产》一节就记载了西域使者贡献奇特香料的故事：

汉武帝时，弱水西国，有人乘毛车以渡弱水来献香者，帝谓是常香，非中国之所乏，不礼其使，留久之。帝幸上林苑，西使千乘舆闻，并奏其香。帝取之看，大如燕卵三枚，与枣相似，帝不悦，以付外库。后长安中大疫，宫中皆疫病，帝不举乐，西使乞见，请烧所贡香一枚，以辟疫气。帝不得已听之，宫中病者登日并瘥，长安百里，咸闻香气芳积，九月余日香犹不歇。帝乃厚礼发遣饯送。

在《瑞应图》也有这样的记载：

　　大汉二年，月支国贡神香，武帝取看之，状若燕卵，凡三枚，大似枣。帝不烧，付外库。后长安中大疫，宫人得疾，众使者请烧一枚以辟疫气，帝然之。宫中病者瘥，长安百里闻其香，积九月不歇。

翻译过来是这样的：汉武帝时期，弱水西国有人乘牦牛车渡过弱水来进贡香品。香品有三枚，像燕子的蛋那么大，外形和枣相似。汉武帝说：这就是一般的香嘛，不是中国所缺乏的，既然皇帝都这么说了，就更没有人相信这三颗枣一样的东西有特别之处了。对使者的态度不仅冷冰冰的，也没有赏赐他什么礼品。后来，长安城中出现瘟疫。那位送香的使者又来求见汉武帝，说他进贡的香可以消除瘟疫，并请求汉武帝焚烧一个他进贡的香试试。汉武帝没办法，听取了送香使者的建议，试着焚烧了一枚香，结果宫中得病的人很快就痊愈了。长安周围百里以外都可以闻到香气，芳香之气数月不散，汉武帝非常高兴。送香使者也完成了任务，就要回到祖国去。临行前，汉武帝赏赐了很多礼物，并亲自设宴为其饯行。《世赘记》曰：

　　汉武时，长安大疫，人死日以百数。帝乃试取月氏国神香，烧之于城内，死未满三日者活，芳气经三月不歇。

从这个小故事中，可知外方之人不远万里、不畏艰险前来汉朝献香，很有情调和诚心，而各种奇异香料也随着朝贡等对外交流活动进入宫廷。

三是古人相信有的香能够起死回生。

有一种香名叫返魂香。为什么叫这个奇特的名字呢？因为相传这种香能够让死人复活。月氏国派使臣渡过弱水，向汉武帝贡献返魂香。《汉武内传》记载：

> 返魂树状如枫、柏，花叶香闻百里。采其根于釜中水煮取汁，炼之加漆，乃香成也，其名有六：曰返魂、惊精、回生、振灵、马精、却死。凡有疫死者，烧豆许熏之再活，故名返魂香。

东方朔所作的《海内十洲记》中曾记载道：

> 返魂香，斯灵物也，香气闻数百里，死尸在地，闻气乃活。

月氏国的返魂香是怎么来的？《汉武内传》记载，月氏国有一种返魂树，形状大致像枫树或柏树，花叶的香味非常浓烈，百里之外都能闻到。把树根采下来，在锅中用水熬煮成汁，再加上漆进行提炼，就能制成返魂香。这种香还有其他五个名字：惊精、回生、振灵、马精、却死。

返魂香的作用非常厉害，据说凡是得瘟疫死去的人，用这种香进行熏烧，就能复活，因此才被称为返魂香。

月氏国向汉武帝进贡的返魂香有三支，形状像燕子的蛋那么大，颜色黑得像桑葚。把这种香燃烧后，患病的人闻到香气后就能站起来，人死了没有过三天的，用这种香进行薰疗，也能重新活过来。

在有些记载中，返魂香不仅能让死者复活，还能让人容颜不老。据说，曾有一个名叫庄姬的女子，她得到一块珍贵的外来香料，就把香藏在箱子内。香气透过箱子弥漫出来，长期嗅闻，庄姬一直保持着年轻美丽的容貌。冬天时,庄姬听到箱子里中有虫子叫声。打开箱子一下,原来夏天时候钻进去的虫子全都没有死,因为受不了寒冷的天气而叫出声音来。后来便有人推断,庄姬所藏的香中就含有返魂香的成分。

四是能防寒保暖。

香能起到保暖作用,大家相信吗?汉代还真有一种香有此神奇功效,能够祛除寒冷,称作避寒香。依南朝梁任昉在《述异记》中记载,辟寒香出自丹丹国,汉武帝时候,丹丹国派遣使者进贡,天气寒冷时,房间里不用烧炭火取暖,只用燃烧一点避寒香,顿时房子里如春天般温暖舒服,人们热得要脱掉衣服,可见其神奇。

这条记载被《岁时广记》引用:

> 汉武帝时外国贡避寒香,室中焚之,虽大寒,盛冬若客至不燃薪火,暖香一炷,满堂若春。

因此,这一时期,除了外国香料的出现外,以植物类为主的国产香料也继续使用。国产植物类香料主要用于熏烧或缝于香囊中佩戴的茅草类。因为受地域环境和气候条件限制,中原一带不太适宜香料植物的种植,所用的香料植物主要为茅香。而长江以南地区,气候适宜香料植物的生长,香料的种类较多。比如,《离骚》中就提到了秋兰、蕙、江离、艾、椒、桂、萧等十多种草木类的香料。

五是古人用香召唤神灵。

这可能吗?汉武帝喜好神仙之道,他觉得这些进口香料的作用神乎其神,能召唤天神显灵,降临人间。《汉武内传》记载,武帝焚烧"百和之香"迎接西王母。

> 武帝尝修除宫掖,燔百和之香,张云锦之帷,燃九光之灯,列玉门之枣,酌蒲萄之酒,以候王母降。

意思是说,为了迎接西王母,汉武帝命人焚烧"百和之香",张灯结彩，备好美酒佳肴。西王母果然乘云下凡来见汉武帝。史书记载，汉武帝除了烧百和之香外，还燃烧兜木之香，用香烟召唤西王母降临。可见，汉武帝对香烟通神的说法深信不疑。

六是古人相信香能召回死者的魂灵，即招魂。

相传，汉武帝的宠妃李夫人去世，武帝悲痛欲绝，无限思念，命画师将她生前的容貌画下来，把画像挂在甘泉宫，又令道士配以上等沉香木，炼制成灵药，放于熏香炉中。夜晚宫殿静悄悄，香烟引领李夫人的魂魄缓缓来到焚香处，汉武帝在帐帷中观望。摇晃的烛影中，李夫人身影隐约而来，汉武帝泪流满面，痴痴地看着那个好像李夫人的身影，凄然写下了"是邪？非邪？立而望之，偏何姗姗来迟？"又下令让乐府的音乐家谱曲，亲自作赋，悼念李夫人"美连娟以修兮，命樴绝而不长。"《拾遗记》还记载汉武帝梦中得李夫人授蘅芜香：

梦李夫人授帝蘅芜香，帝梦中惊起，香气犹着衣枕间，历月不歇，帝谓为遗芳梦。

七是万事皆用香的习俗。

外来香料的神乎其神，让汉武帝痴迷不已。出入他身边的人都投其所好，比如《香谱》记载：

金日磾入侍，欲衣服香洁，自合一香带之，武帝果悦。

《太平御览》引东汉应劭《汉官仪》：

尚书郎含鸡舌香伏奏事。

尚书郎须口含鸡舌香①，一身香气的侍奉天子。百官上朝须随身佩香，汉武帝置椒房储宠妃，还以赏赐熏香炉表示恩宠。鎏金银竹节

---

① 鸡舌香：即丁香。

铜熏炉就被认为是这样的赏赐品。

八是形成节日燃香的习俗。

燃香甚至成为朝廷庆祝节日的礼仪之物。《汉武帝内传》① 描述朝廷使用沉香的情况：农历七月初七乃是传统七巧节②，"设座殿上，以紫罗荐地，掺百和之香。"这样的日子在皇宫大殿点燃百和之香，属于对天地很虔诚的崇拜礼仪。而所谓百和之香，就是很多种香料混合在一起。

小结一下：进口香料数量有限，因而极其名贵，主要供宫廷和上层贵族使用，而且是用在重要的皇家仪式、重要节令，甚至是皇亲国戚的隆重场合。正因为非常珍贵难得，燃烧方式也有特殊要求，比如，火不能太旺，要长时间慢慢地焚烧，形成断断续续的香烟效果，更加有气氛，也有更强的神秘感。

上面说的如此神奇的外来香料，必然需要神奇的器具与之相配，原来的器具也就无法适应新形势了，也就自然给传统的熏香器具带来了新的变化，或者产生了新型器具。这些新的变化都有哪些？

在西汉之前，人们用佩戴、熏染的方法祛除异味、驱虫、防腐蛀，获得保健或医疗效果。燃烧茅香或兰蕙一类的香草主要用熏炉，香炉的造型以豆形、圆球形为主，炉身较浅，炉盖较平，燃烧过程中烟火气很大，烟灰乱飞。而外来香料的燃烧则是神秘而雅致的。雅事必然要用雅的物件，老旧的器物当然不能再用了，因此汉武帝时期的工匠们就发明了非常精致的熏香的炉子，这就是我们前面讲到的博山炉。博山炉的制作也非常讲究，都有什么讲究呢？

先将炉盖增高，模仿高山峰峦叠嶂，做成圆锥形，即前文所说的

---

① 《汉武帝内传》：托名汉代班固或晋代葛洪撰者。
② 七巧节：又称乞巧节、女儿节。

象征仙山的博山形状,在上面还要镂雕人物、动物、云气等纹饰,方便烟气徐徐飘出;用燃烧香料的托盘来象征海水,香料燃烧时,香雾从一个个隐藏在重峦叠嶂中的小缝隙里冒出来,山谷里腾起的烟可以看作是云或者雾,给人一种腾云驾雾、从天堂俯瞰大地的美妙感觉;再将炉身变深,以便在下部放置更多的饼状或球状树脂类香料,延长燃烧的时间;为防止炭火太旺,炉身下部的进气孔缩成很窄的缝隙,这样,西方传来的树脂类香料慢慢被加热,香味徐徐散发,而烟气又不大。

另外,为了取得更好的迷幻效果,香炉还装饰其他纹饰,比如,代表皇权的龙。创造一个迷你的宇宙,更符合求仙问道的需要。

因此,博山炉是汉代改良之后的熏香器具,不仅仅是一件熏香炉,而且是蕴含了多种信仰追求和时代精神的象征:遥远的外来香料,遥远的求仙之路,通过这一新型器具得以表现。博山炉的山峦状结构,在袅袅烟雾的盘旋萦绕中,非常意象地表达了一种天地相连的和谐感、艺术感和永恒感,能够帮助死者的灵魂通过山岳而到达极乐天界,实现长生不老的终极梦想。

所以说,在汉武帝时代,用博山炉焚香便成为最流行的用香方式,从宫室发展到士大夫家以至平民,逐渐演变成一种雅致的生活习俗和精神享受,形成了一种独特的熏香文化。博山炉成为人们日常生活中不可缺少的用品之一,从而带动了香炉制造技术的发展。有人说,博山炉代表汉代香薰制造艺术的最高水平,以博山炉为主题的故事传说屡屡出现在文学作品中,特别是汉代和汉代以后出现了大量歌咏博山炉的诗赋。比如,汉代李尤的《熏炉铭》非常形象地描绘了这种神奇的景致:

上似蓬莱,吐气委蛇,芳烟布绕,遥冲紫微。

六朝的《咏博山炉》诗形容成：

  上镂秦王子，驾鹤乘紫烟。

唐代李白《杨叛儿》称赞为：

  博山炉中沉香火，双烟一气凌紫霞。

这些都是赞美博山炉熏香时香烟缭绕的迷人意境。北宋考古学者吕大临《考古图》记载：

  香炉像海中博山，下盘贮汤使润气蒸香，以像海之四环。

形容博山炉的外在特征及精巧的设计和制作：

  四座且莫喧，愿听歌一言。请说铜炉器，崔嵬象南山。上枝似松柏，下根据铜盘。雕文各异类，离娄自相连。谁能为此器，公输与鲁班。

《艺文类聚·卷七十》引西汉刘向《熏炉铭》不但对造型和熏香予以咏赞，也指出了其通神的用途：

  嘉此正器，嶄岩若山；上贯太华；承以铜盘，中有兰绮，朱火青烟。蔚术四塞，上连青天。雕镂万兽，离娄相加。

从汉代墓葬出土的焚香器来看，作为一种新型香炉，博山炉最早应始于西汉中期。南宋赵希鹄《洞天清禄集·古钟鼎彝器辨》中考证：

  古以萧艾达神明而不焚香，故无香炉。
  惟博山炉乃汉太子宫所用者，香炉之制始于此。

最早的香炉即为博山炉，香炉像海中博山，下盘贮汤使润气蒸香，以像海之四环，故而得名。博山炉之所以出现在汉代是有着比较复杂的原因，可以说是时势造就的结果。既与社会发展、经济繁荣和自然环境有关，也与宗教、哲学等意识形态有关，还与人生观、宇宙观有关系，或者说，是人们认识世界和改造世界的反映。

据考古资料统计，目前已公布的资料中汉代博山炉数量达到177件，多数出自墓葬，少数出自窖藏。分布地较为广泛，以陕西、江苏、湖南、湖北、广东、广西、河南和河北等地出土数量较大，余地则属于零星出土。其中，最具代表性的是这件鎏金银竹节铜熏炉和1968年在河北汉代中山靖王刘胜墓中出土的错金博山炉，其造型和工艺已达到高峰。

从这个意义上说，汉武帝对中国香事的发展做出了重要贡献。作为中央集权最高统治者，他也是代表"天"来统治世界，这件熏炉也是用高山、自然界、龙来象征宇宙秩序，可以理解为一个迷你的宇宙模型。

通过上面的讲述，我们了解到这件鎏金银竹节铜熏炉产生的历史环境、时代背景和人物故事，尤其是与汉武帝有关的内容，为我们了解这件器物的归属和价值提供了非常难得的线索。

首先，这件器物带有鲜明的时代烙印和独特的文化特质。从器形特征上看，这件博山炉的盖子做成汉代传说中的仙山，属于创新的造型，符合汉代人们追求神仙思想的文化特点。从观赏角度看，层峦叠嶂的博山形状更为美观，有层次感。从精神寄托角度看，药物燃烧，烟雾升腾，古人以此祭祀、召唤神灵。这种前所未有的器具所带来的精神愉悦和满足感也是前所未有的。从象征意义上看，除了一般焚香器的功能外，其上端和底座都有龙的装饰，龙不仅托起仙山，它也有腾云驾雾的超能力，通过层层山峦间缥缈的烟雾，飞跃而起，与神灵沟通。集中表现了汉武帝通过高山所代表的上天、盘龙所代表的皇权、竹节所象征的自然界和气节气质、香气和烟雾所指引的通天之路，拥有上天入地的神力和统治三界的理想。

其次，它是由官办作坊的能工巧匠们制作的质量最好的焚香器具，体现了宫廷和显贵的高级精神追求和奢华生活，是一件将熏炉与烟雾完美结合在一起的艺术瑰宝。

第三，这件器物有着美丽的流传过程，表现出汉武帝时期皇室生活中那些不为人所知的故事。历史的进程中，除了残酷的权力斗争之外，也有亲情、爱情等最普通的情感，通过这件器物来表达，因此可以说这件器物也曾经有过温度。

此外，它还是目前发现的唯一一件竹节造型的熏炉，尽管经历两千多年的沧桑，依然色彩浓艳，异常华丽，高贵典雅，充分说明其制造水平非常高超，汉代工匠非常巧妙地解决了高度与稳定和美观之间的关系。如此高超的金属制造水平又反映出当时经济文化的发达，这也是汉武盛世和丝绸之路开辟所必需的物质基础和文化积淀。

这件至今唯一一件的器物还能让我们有哪些感慨呢？

鎏金银竹节铜熏炉，这件出土于汉武帝茂陵陪葬墓附近的镇馆之宝的确是一件无价之宝。它既有极高的研究价值，也有引人入胜的有趣故事，还有诸多未解之谜。

让我们来还原一下这件器物的来龙去脉：这件器物最初是由专门给皇室制造用具的机构制作，采用了当时最好的材料和最高的制作技术，做好后放在未央宫，供皇室成员使用，当时应该有两件，成一对，放在卧室内，夏天驱赶蚊虫，冬天保暖，全年都能让卧室里香馥馥的，还有催眠、保健、养生的功能，甚至还有通过香烟与上天联系，使人精神愉悦的神奇作用。

西汉时期创造了香文化历史上的第一个高潮。

这一时期出现的博山炉是一种新型熏炉，它的出现是偶然还是必然？我认为既有必然性，也有偶然性。必然性在于中国古代长期的熏香习俗。在汉代人的生活中，熏香更是占有很重要的地位。

偶然性在于长期的中外文化交流在汉武帝时期成为一个突发事件，即张骞出使西域的凿空之举，沟通中西物质和文化交流之路。正是由于丝绸之路的开通，才使得嗜香成癖的汉武帝拥有了专为西方熏香料而设计制作的新型熏香器具，才形成了各地官吏、邻邦诸国竞相进贡异香的奇妙景象，也形成了奢华的宫廷用香、熏香习俗。

汉武帝对外国进口香料的痴迷程度，可以说是达到了"无香不欢"的地步。

此外，还有一个非常重要的原因是，手工业制造技术的发展为生产新型香炉提供了有力支撑。考古发现的同一时期的精美器物也说明当时手工业水平很高，特别是为皇宫制造用具的御用机构。

这样我们就为这件器物重构了出现、制造、使用、流传及最终藏地的时空图系：以汉武帝为核心的庞大的世界格局，以丝绸之路为媒介的文化交流中的熏香文化交流，以汉武帝权力中心的长安城未央宫为视角，以皇权构筑过程中亲缘关系为延伸，以"事死如事生"的两世观为背景，去定位、去溯源、去分析，发现一件绝美器物背后的曲折故事和神奇的流传过程。

它讲述了一个时代的故事，一个家族的故事，一个王朝的故事。它寄托的是汉武帝的理想追求：对至高无上权力的追逐，对美色的迷恋，对指点江山的留恋，对长生不老的渴望，对帝王生活的眷恋。并以此为基础，构建自己的生活世界和权力关系。博山炉燃烧西方香料，带来遥远的西方世界的信息，又将汉武帝的世界梦想传递出去。有人推测，汉武帝茂陵也应该陪葬着精美的熏香用具，这样的话，汉武帝就会感觉到，无论是置身于奢华的皇宫，还是长眠于富丽堂皇的坟墓，都能通过熏香与宇宙相连。

他不仅仅满足于自己的享受，也以赏赐形式让家族中他喜欢的亲人们能雨露均沾。与他关系极为密切的大姐姐因连献美人而获得来自皇帝的恩宠。于是，曾经让汉武帝愉悦的熏炉有幸让阳信公主体验到了极致的熏香快乐。

至于是什么时间，因为什么事情，通过何种途径，熏炉到了阳信公主手中则不可而知。我们只能猜测，肯定是因为某件非常重要的事情，阳信公主获得了汉武帝的赏赐。

我们再来回顾这件器物被发现时的情景。就像前面所讲，它是被偶然发现于羊头冢南边的丛葬坑中，而且与18件带"阳信家"铭文的器物堆积在一起，都是羊头冢的陪葬物。

也像前面所分析的那样，羊头冢被认为是阳信公主的墓冢或迁葬卫青墓合葬后的衣冠冢。

我们再来总结回顾这位不平凡的皇室女性人物。

她生于帝王之家，虽为女流，却才貌过人，足智多谋，深得父亲汉景帝的宠爱，也是弟弟汉武帝非常倚重的家人。

她的一生虽然曲折坎坷，但始终处于权力中心，并展现出惊人的政治谋略和斗争技巧，能够掌握自己的命运，死后也获得陪葬茂陵的殊荣。

她有过三次婚姻，因嫁给平阳侯又称平阳公主、平阳主。在这段婚姻期间，她处心积虑，韬光养晦，搜罗美女，精心培养，随时献给弟弟汉武帝，巩固自己和弟弟在后宫的影响力。机遇总是眷顾那些有准备的人，她成功地培养并推荐了卫子夫，继而惠及卫青兄弟，改变了卫氏家族的命运，也为自己带来了丰厚的政治回报和经济利益，进而改变了汉武帝时期宫廷权力格局，乃至影响了汉代历史的走向。

她不仅悉心培育，而且自己还能享受丰硕的成果。在政治上，经济上，还在情感上，虽然经过种种波折，但她的第三次婚姻成功地把曾经的家奴卫青后来的大将军变成自己的丈夫，这种巨大的成功好像无人能及。

她很了解控制人的技巧，深知汉武帝的喜好和情感需要。她推荐的卫子夫和李夫人就非常符合汉武帝的审美和心理要求，先后受宠，可见她真不是一般的厉害，是当时具有重要政治影响力的皇室人物。她死后，也如愿以偿地与卫青合葬，永远在一起了。

别忘了，还有一个问题，那就是有些人认为"阳信家"就是阳信夷侯刘揭。我个人认为，与汉武帝非常倚重的大姐相比，阳信夷侯刘揭获得这件器物的可能性要相对小些。再说，在与这件熏炉相关的时期，刘揭的儿子刘中意被废除封号已经很久了。而且叛国罪之后抄家的不详之物，也不可能带着原来主人的痕迹在皇室之间转来转去，也不能出现在茂陵周围这个大墓中。退一万步讲，带有"阳信家"字样的器物即便是刘揭家的，但这件熏炉和鎏金铜马上可没有这三个字，因此，更没有可能是刘揭了。

还有很重要的原因，就是汉武帝多次赏赐姐姐，很有可能是将自己最喜欢的博山炉也给了姐姐，希望她和自己一样能够通过熏香寻找快乐，和他一样能够长生不老。根据史书记载，汉武帝对大姐十分尊重，对她两度献美人十分满意，因而赏赐很多。这件器物可能只是其中一件，或一对熏炉中的一只。根据历史记载，"皇室结婚时，赐予博山炉"，有没有可能是阳信公主结婚时赠送的？但究竟是哪次结婚时赏赐的？我们已经无从知晓了。

最后让我们再回到这件鎏金银竹节铜熏炉上。它有很多谜团，也有更多价值。比如，发现的偶然性和唯一性、墓葬主人身份的神秘性、其历史作用之重要、经历之丰富、生活之奢华都耐人寻味。这里面有汉武帝与阳信公主的姐弟情深，有阳信公主与卫子夫的主仆之缘，有卫子夫与卫青的人生逆转，有汉武帝与卫青的君臣相恤，有阳信公主与卫青的骇世姻缘，有显赫的刘家与卑微的卫家长达半世纪的恩怨情仇。从中反映出汉武帝的雄才大略，及其造就的汉代雄风。

让我们感慨的是，这个规模不大，也不起眼的茂陵陪葬墓的丛葬坑，竟然出土了这么多文物瑰宝，说明什么？它说明了这的的确确仅仅是汉武帝茂陵陵园内外地下文化遗存的"冰山一角"，对了解茂陵陪葬制度提供了非常重要的资料。

鎏金银竹节铜熏炉，用仙山、翠竹与蟠龙表达的九五之尊依然那么明显，曾经的灿烂风华并未随风而逝，反而历久弥新。也许，它就是阳信公主与汉武帝姐弟情深的见证；也许，它就是她与卫青真实爱情故事的代言者。

如今，这件国宝级文物仍然静静伫立在现代时空中，等待有人来点燃历史的香烟，为曾经的奢华居室带来袅袅烟雾，为主人拂去忧愁和悲伤，带来愉悦和幸福。

不相信这件宝物的主人是阳信公主的人，埋怨我们把一个高贵公主与曾经骑奴的委婉爱情故事加在它身上，固然可以使它的历史价值大增，但是作为历史的证物，更应该让文物说话。鎏金银竹节铜熏炉即便没有故事的渲染，它依旧在历史和现实中闪烁着最耀眼的光芒……

这件国宝级文物，不知每天迎接多少游人的目光和赞美。人们宁愿相信它就是大汉公主与家奴爱情故事中的元素。

熏炉不能开口说话，它究竟有怎样的来历？又有着怎样的故事呢？它的主人果真是人们传说的阳信公主吗？是她在哪段婚姻生活中使用过的呢？

尽管我无法给出一个肯定的答案。但是，西吴乡豆马村的村民却始终相信，36年前，他们在羊头冢南60米开外的农田里那一镢头挖下去的就是阳信公主墓的丛葬坑。而考古学家关心的是新发现的更多的证据。要解开鎏金银竹节铜熏炉的诸多谜团，只能寄希望于今后更多的考古发现，让我们期待考古学家带给我们更多的惊喜与故事！

（陕西历史博物馆　杨瑾）

神秘的金简

在河南博物院的镇馆之宝中，有一件呈规则的长方形，厚度仅1毫米，上面錾刻有63个字的文物。这件看似平常的文物却与历史上鼎鼎大名的武则天有着密切的关系。这是现存唯一一件属于武则天的文物，隐藏着许多和武则天有关的历史和文化信息。它的发现为我们了解唐代的历史风貌和一代女皇武则天的生平提供了重要的实物依据。那么这个后来被研究者定名为"武则天金简"的文物是如何被发现的？它为什么会成为河南博物院的镇馆之宝呢？

武则天金简不是考古发掘发现的，它是偶然的一个发现，是河南登封县的一个普通农民发现的。它发现于1982年5月21日，这天，也就是中国农历的小满，是农作物开始灌浆的节气。这一天，河南省登封县唐庄公社王河大队的农民屈西怀与其他的社员，一起到嵩山峻极峰植树造林。干了一天的活儿，到了下午的时候，植完树，大家都收工了。但是当时他们都是小伙子，满身的劲儿使不完，所以这些小伙子们，就开始玩起了叫"滚石雷"的游戏。什么叫滚石雷呢？就是从山上把石头推下山去。石头在滚动的过程当中，就会撞击，在山涧里发出轰鸣的响声，像打雷一样。小伙子们一个一个地把石头向山下推。屈西怀正要推动一块石头的时候，就发现这块石头缝中，有一件东西非常奇特，他就用手在石缝里边进行摸索，想把这个怪异的东西给拿出来。开始他认为，这件东西可能是一片果子纸。什么叫果子纸呢？就是我们过去包糖果点心用的那种纸，它的外边有金色的装饰。

但是把它拿出来以后却发现不是纸制，是一片金属，还有一些重量。当时屈西怀就认为，这个可能是一个铜片之类的，不管怎么说，把这个东西拿回家还是能换点钱的，还有点价值。于是，屈西怀就把这个所谓的"铜板"揣到怀里边，同大家一起回到了家里。回到家里以后，他反复看这件东西，怎么也琢磨不透，因为这个东西，当时发现的时候，上面还有一层灰蒙蒙的尘土。

屈西怀就把这件所谓的"铜片"，拿到他叫赵三的表叔的家里。这个赵三是党支部书记，有点文化。他拿着这件东西一看，说这件东西应该不是铜的。为什么呢？如果是铜的话，它表面会生锈。但是这件表面没有锈，所以他表叔猜测，应该是金子之类的，因为金子不会生锈。

　　但是大家还有异议，怎么办呢？当时就有人提出来，说不行的话，把它放到火里面去烧一下，就知道了，所谓"真金不怕火炼"。正当屈西怀他们准备把这件"金片"放在火里面烧的时候，突然有人说，先别忙着烧，好像上面还有一些文字之类的东西。他们将尘土擦拭掉一看，果真上面有文字。当时在场的人看了以后认为，多数的文字应该是能够认识的，但是里边有5个字，查字典也查不到，并且认识的这些字整体连贯起来也看不懂什么意思。后来他们又找其他更有文化的人看，还是没看懂。

　　这件金片就放在屈西怀家藏了起来。但是这件事情在当地不胫而走，传播得非常之快，结果就引来了文物贩子。当时有两个山东的文物贩子来到了屈西怀的家里，要求购买这件宝物。

　　当时是1982年，大家都知道，1982年是改革开放的初期年代，当时还没有现在的这样的文物市场，更没有现在的民营文物机构。1982年还有一个重大的事件，与文物有关，就是这一年，全国人大常委会讨论通过了《中华人民共和国文物保护法》。在文物保护法里就明确规定：中华人民共和国境内地下、内水和领海中遗存的一切文物，属于国家所有。私人收藏的文物可以由文化行政管理部门指定的单位收购，其他任何单位或者个人，不得经营文物收购业务。从文物保护法的这段话里边，大家就明白了，就是在当年，文物是国家的，私人是不准进行文物买卖的。所以由此来看，当时这两个文物收购的人员，应该是非法的。这两个人到了屈西怀的家里以后，开价很高，从5万元一下子抬高到10万元人民币。

　　当时那个年代，大家都知道，一个普通人员的工资也就是二三十块钱，一年的工资也就三四百块钱，不得了了。10万元，对于一个普通的农村的农民来说，那真是一个天文数字。但是，在这样的利益的诱惑面前，屈西怀没有动摇。这里并不是说，当时屈西怀就知道了文物保护法，知道怎么保护文物。其实，这是出于一个普通农民的普通的道德意识。他就认为，这件东西虽然是我捡来的，但应该归国家，不是我自己所有的，我不能发这个财。所以他就一再拒绝文物贩子的请求。最后，这文物贩子看屈西怀决心很大，也下了决心了，竟然咬破自己的手指，写下了血书。承诺如果这件金片卖出以后，所获收益的一半，要再分给屈西怀。即使这样，屈西怀仍然没有动摇。文物贩子一看没有办法，就撒腿走人了。

但是文物贩子走了，屈西怀一家人却忐忑不安起来了。没有想到，这样一件东西竟然能值这么大的价钱。放到家里不是个宝贝，很可能是一个祸害。于是屈西怀就通过他的表叔，向一个前来进行人口普查的唐庄派出所警察汇报了这件事情，经过唐庄派出所，又汇报到了当时的登封县。在武则天金简发现两个月以后，也就是7月10日，登封县就派文物部门的工作人员来到了屈西怀的家里，征求了他的意见以后，就把这件金简取回了县里，保护起来了。

经过文物部门初步的鉴定和研究，认为它应该是一件金简。后来就根据上面的文字又进一步定它为"武则天除罪金简"。这个名字用了一些年，经过再进一步的研究，后来把这个名字更正为"武则天金简"。

在1985年的时候，经过河南省文物局协调，武则天金简就从登封县转移到了河南省博物馆（也就是现在的河南博物院）收藏。

2007年，也就是河南博物院建院80周年的时候，我们当时评出了"九大镇院之宝"。通过社会公众和专家双层的选择、推荐，经过多轮的筛选，最后选出了9件最能代表中原古代文明的文物作为河南博物院镇院之宝。武则天金简作为河南博物院收藏的最具代表性的唐朝文物被列入其中，也是唯一被列入的唐朝文物。我们当时评选"九大镇院之宝"，有一些标志性的条件：第一个条件是要有历史文化的代表性；第二个条件就是尽量是唯一的。所以武则天金简因其具有重要的历史文化价值以及唯一性而当选。

这个武则天金简到底什么样子？其实很简单，武则天金简就是一个长条形的金制片子，非常薄［图1］。长度为36.2厘米、宽大约8厘米、厚度仅有1毫米左右。它的重量是223.5克。金简的表面没有什么纹饰，这个叫素面。正面錾刻有63个用楷体书写的字，那么这63个字是什么呢？写的是：

上言：大周国主武曌好乐真道长生神仙，谨诣中岳嵩高山门，投金简一通，乞三官九府除武曌罪名。

最后落款：

太岁庚子七月甲申朔七日甲寅，小使臣胡超稽首再拜谨奏。

图1　武则天金简

和其他考古发掘出土的精美器物相比，武则天金简的外形的确非常普通。如果不是上面錾刻有63个字，很可能就被当作一般的金属器物了。而正是这63个字，道出了许多历史和文化的信息，那么这63个字表达了什么意思？凭什么断定这是武则天的遗物呢？

我们研究发现，这些文字其实分两个部分：前面39个字，是这个金简的主题部分，上面写了投简人，以及投简的目的和地点；后面24个字，应当说是落款的部分，说出了时间，以及代为投简人的姓名。

开头两个字"上言"，那么这个"上"是谁呢？应当是紧接着的"大周国主武曌"，因为金简后面缀的是"小使臣胡超稽首再拜谨奏"，所以，"小使臣胡超"是代为投简人，也是起草这个简的人，要传达投简人的意思，所以上面先用"上言"。紧接着这些话，不是胡超的话，应该是"上"的话，也就是大周国主武曌的话。

"大周"是武则天称帝以后所用的国号。公元690年，也就是载初元年，武则天在洛阳称帝，宣布改唐为周，称自己为圣神皇帝，改元叫天授，在神都立武氏七庙。然后，废皇帝李旦为皇嗣，改大唐的宗庙为武德庙。这就是我们所说的武周革命。

武则天［图2］为什么称帝以后，要用"周"作为她的国号呢？因为这个武姓是来自周朝，周王室是姬姓。周平王小儿子出生以后，手掌心里面的纹路上形成了一个"武"字，所以，就叫他姬武。后来，他的子孙就以武为氏，所以武姓的来源与周朝有关系。

唐朝的时候，高宗还曾经封过武则天的父亲，叫武士彟，封他为周国公。所以武则天称帝以大周为国号，就是想显示这个大周的来源是正统的，是一个正统王朝。

同时，还有第二个用意，是什么呢？要效法周代的统治理念，要效法周代在中国历史上的功绩。因为大家都知道，周朝是中国古代历史上非常重要的一个时代，我们说先秦这个时期为"轴心时代"。这

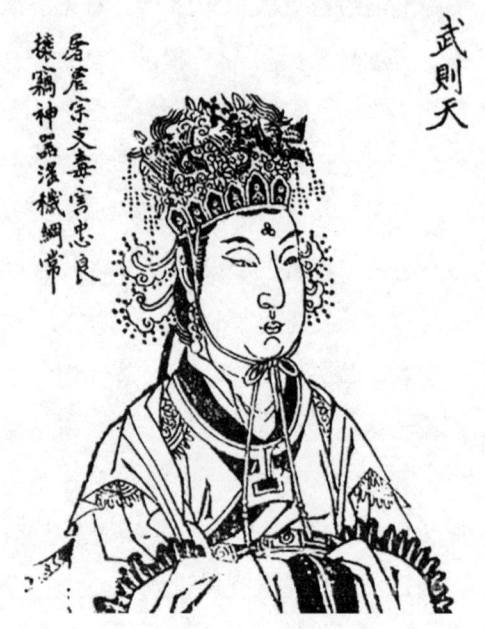

图 2 武则天像（《历代古人像赞》明弘治年间刊印）

个时期形成了我们中国文化的诸多元素。所以，作为唐朝人，他们认为周与汉，这两个朝代是中国历史上的盛朝，是要效法的。所以武则天以周为国号，也有这样一个目的。

第三个用意是什么呢？周朝是中国历史上，应当说是延续时代最长的一个朝代，从公元前 1046 年（当然，这个时间有一些争议），一直到公元前 256 年，整整延续了 791 年，也许更长。无论是夏还是商，基本都延续了四五百年的时间，所以武则天以周为国号，也是想让大周能够永远存续，像周朝一样，成为中国历史上的长命王朝。但是她这个愿望最终没有实现。我们知道，武则天所立的大周，也仅仅存在了 16 年，便退出了中国历史的舞台。

由于武则天的武周又转回了李唐，所以在中国历史朝代的划分上，一般都没有把武周单独算作一个朝代，一般都是把它算在唐朝的阶段里边。

那么接下来的四个字是"国主武曌"。"国主"就是皇帝，那么武曌是谁呢？武曌其实就是武则天。武曌是武则天给自己起的一个名字。大家看这个"曌"字，上面是"日""月"，下面是"空"，叫日月当空。还有人把这个"曌"字与光亮照明的那个"照"作为同一个字。其实，武则天造这样一个字，也表达了她对自己的一个评判，她就是要像日月一样当空，光照万物，表达武则天作为大周的国主，大周的皇帝，对她的子民的一种关照、爱戴和保护。

但是这个"曌"字，我们过去只有在文献上面能够见到。这么多年一直没有考古实物证明。这件金简的出土，应当说是我们第一次见到了武则天自己造的这个"曌"字，也从考古的角度，证实了这样一个文字的存在。

"好乐真道，长生神仙"是说武则天喜欢道家的法术，相信长命百岁这样的一种意念。

"谨诣中岳嵩高山门，投金简一通"，意思是说到中岳嵩高山这个门投金简一通。就是在这几个字的解读上，有不同的意见，特别是在"中岳嵩高山门"这句话的断句上有争议。"嵩高山""门"和"嵩高""山门"，这两个断句的方法是不一样的。这个中岳嵩山叫嵩高，又叫嵩高山。这个"山门"在古典文献里面通常是指什么呢？指佛教的寺院的第一进门，以及道观的这些门。山门有时候，也通指寺庙。我们从武则天金简发现的这个位置也能有所判断。它是在哪里发现的呢？就是在嵩山的最高峰峻极峰上。所以从这里面来看，应当是嵩高山的门，这个门是什么门呢？应当是嵩高山通向神界的门，通向"三官九府"的门，应当这么理解。

"三官九府"，其中"三官"是道家用语，"三官"是指三官大地，包括了天官、地官和水官。天官是送福的，地官是除罪的，水官是降厄的。中国道教神界的三官，就像人世间一样，他们也有办公的地方，也要正常地处理一些政务，所以，三官各有办公的府，各配三府，所以加起来就叫"九府"。"三官九府"是指神仙各界。

对"除武曌罪名"这句的意思，很多人容易理解错，认为这个是说武则天有罪，要除武曌的罪名。其实，"除武曌罪名"就是除某某某罪名，是古人进行投简仪式、投龙简仪式上常用的术语，就是什么呢？道教认为人的一切灾祸病恶，都是由于人的"原罪"造成的，所谓原罪就是"有罪首过"，只有除却了这些原罪，才能够"至虚极"得到解脱，才能够消除你的灾祸，才能够长生不老。所以，这个"除武曌罪名"，也是根据这样的道教的原罪思想的一个用语，并不是说武则天说自己有罪，不是这个意思。

金简最后注的是"太岁庚子七月甲申朔七日甲寅"。太岁纪年是中国在汉朝以前的一种纪年的方法，道教也经常用这种纪年，汉朝以后基本都是用干支纪年。从这个纪年推算，武则天投简的这一天，是公元700年七夕。公元700年五月，武则天改年号为"久视"。五月改的年号，所以，七月七日应当就是久视元年七夕这一天。

从武则天金简上这63个字表达的意思来看，也就是公元700年七夕，武则天派一个叫胡超的人，来到嵩山的峻极峰上，为她祈福。最初在为这块金简定名时，曾用过"武则天除罪金简"这一名字。有人认为，武则天一生罪孽滔天，为了权力，不惜牺牲掉自己的孩子，所以晚年的武则天深感不安，怕自己不能升天，落入地狱受苦。她听说，做一块金简，把自己的罪过刻在金简上，埋在嵩山，就可以除去罪孽，于是才有了这件金简。但是后来的研究否定了这一说法。在我国的考古发现中，考古工作者曾发现过玉简、银简等，但金简只有武则天的这一件。这件金简正面镌刻的双钩楷书铭文，刻工高超，文字秀美，那么它是怎么制作的呢？

这件金简看起来非常简单,但是制作起来却不容易,并且制作水平非常之高超。河南博物院在2008年的时候,用现代的一些科学仪器,对这件金简进行了全面的体检。第一,要看这件金简的内部所含的材料究竟都是什么;第二,通过显微观察,要看这件金简是怎么做成的;第三,要看金简上面的文字是怎么做成的。

经过科学的检测,我们就发现这件金简中主要有两种物质:一种是金,一种是银。并且它的金银的比例是9∶1,就是金的含量占90%,银的含量占10%。在中国古代,对金子的成色分类有"七青,八黄,九紫,十赤"这样的说法。这样的说法,实际上就是金和其他物质(包括银)的比例,影响了金子的成色,所以这个说法是金子的成色的配比。但是如果想要准确地掌握金子的成色的配比是很难的。但是武则天金简的金和银的配比是9∶1,经过检测,非常准确。从这样一个侧面,也反映出了唐朝,特别是宫廷,高超的金子加工工艺。

经过显微观察我们发现,武则天金简的制作主要用了三种工艺:第一种是锤揲法,第二种是錾刻(文字主要是通过錾刻),第三种是砑光。

什么叫锤揲呢?就是在制作金子的过程当中,对已经形成块状的金子通过反复锤打,塑造所需要的形状。在这个加工过程当中,有两种方法:一种是冷锻,一种是热锻。冷锻就是不用再放在火里淬火;热锻是要反复地放在火里边,等它软化了以后,再进行反复地锤打。从对金子表面的微观观察发现,金子的表面有一些向内的腐蚀的渗透物,所以很可能就是采用了一种热处理的方法。

等把金简大样加工成了以后,我们发现它的边缘有一些剪切的痕迹,又进行了修边整理,最后形成了金简这样一个长方形的结构。

看这个金简的文字,我们发现这些文字都是用"双钩线"[图3]的方法呈现出来的,由双钩的阴线构成的。用肉眼来看,我们发现文字的线条非常流畅，就像用笔写下来的一样。但是，通过显微观察，我们就发现，这些流畅的线条原来是由一个一个的很小的錾点构成的。金简上的文字就采用了錾刻的方法。这种方法就是先把所要书写的文字用双钩的方法进行描底，描上去以后，用平头的錾子，从45度角的位置，一点一点地给它錾出来，最后形成一个一个的文字。

图3　金简文字采用双钩线方法

这些錾点非常连贯，非常整齐，没有一个多余的，没有一个出格的。从这一点来看，錾功非常高超。这种双钩线的方法，其实在唐宋时期，在描摹古人的书画，特别是书法方面，经常用到，像现在传世的王羲之的《兰亭序》，有许多的版本就是采用的先双钩线，然后再填墨做成的。所以这种方法在唐朝已经有了，并且在金银器上，也用这种方法。

就目前所发现的唐朝时期的金银器上面采取錾刻的方法形成文字的，大多数是单线法。只有武则天金简采取了双钩线的方法，这样的方法能够完整地体现出这些文字的风格和艺术特点。所以从这里面来看，制作这个金简也是花了功夫的，非常慎重。所以这件器物不是一般的民间所谓的"行活"，应当是在宫廷里制作完成的，是一件"官作"的作品。

最后一道工序叫砑光，也就是用玛瑙、动物皮等工具，在做好的金器上面反复打磨，透露出它原来的光泽。因为金器经过锤揲、经过錾刻等一道一道程序以后，它的表面会形成氧化层，也会形成一些细小的杂质。所以最后要用砑光的技术把它打磨光。

我们通过对这个看似工艺很简单的武则天金简一些微观的分析，知道了它的加工工艺，我们就发现，这样一个简单的金简，其实制作起来很不简单。

从武则天金简精美的文字以及精良的制作上，可以看出，武则天对制作金简这件事情的重视程度。那么简是什么？它是做什么用的？武则天为什么要制作金简呢？

简是中国先秦包括汉代，一种主要的书写工具，就是记载文字的一个工具。单片的叫简，用丝线或者绳串起来的连编的叫册。简册是中国古代用于记载一些法律条文、记载一些事项、记载典籍的主要方法。考古上，我们已经发现了很多的简，比如居延汉简［图4］、河南信阳长台关出土的楚简［图5］，以及长沙出土的吴简［图6］，等等，对这些简的文字进行研究，能够纠正史籍记载的一些错误、弥补史籍记载的缺憾。

但是，因为这些简连编起来会很大，所以书写起来很不方便，携带也不方便，储存也不方便。我们叫"学富五车"，实际上是五车的学富啊。因此，后来古人又在帛上写字（即帛书）。由于帛很贵，所以帛书很珍贵。当纸张出现以后，就慢慢地取代了简和帛这种书写的材料。它们并没有消失，简和册还是流传了下来，只是改变了它的功能和用途。

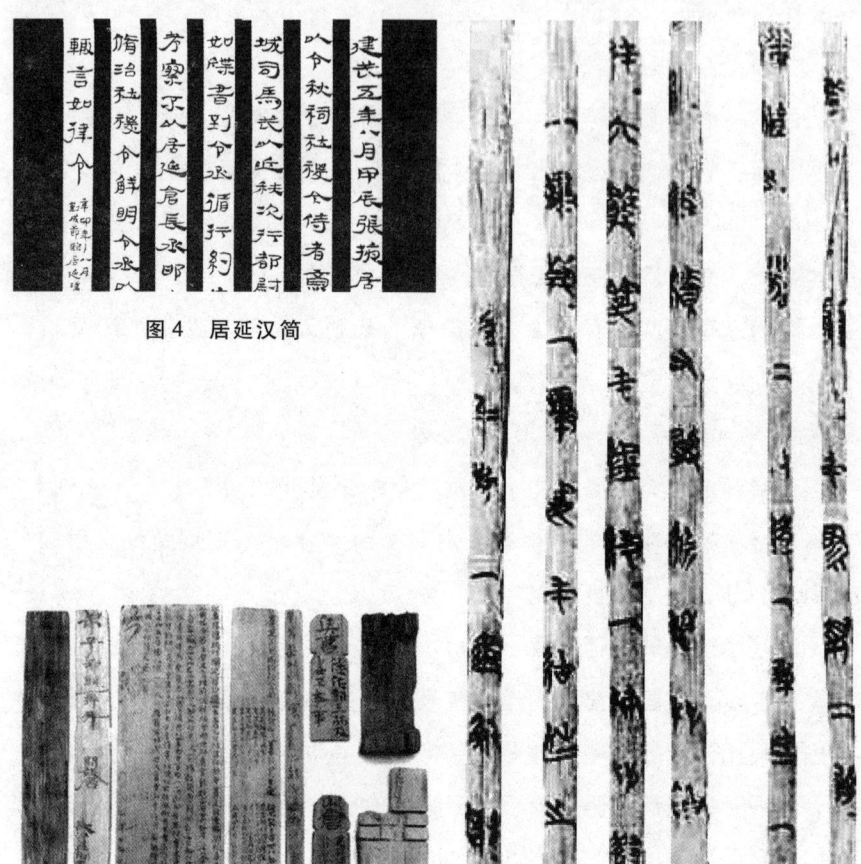

图4 居延汉简

图6 吴简（藏于长沙简牍博物馆）　　图5 信阳竹简（楚简）

道教产生以后，简开始成为一种道教的书写用品。我们都知道，道教起源于东汉的五斗米教，它的创始人是谁呢？是张陵，也叫张道陵。当时社会上，疾病肆虐，张陵就以治病的名义来传道。他就认为人的这些疾病祸患是由人的原罪形成的，人要在简上写上服罪之意，然后一通投到山里，向天官来禀报，一通埋到土里，向地府来禀报，一通投到水里，向水府禀报。这样的话，才能消除疾病。这就是我们所说的"三官手书"。

早期的三官手书，我们现在还没有发现，但是，从当时的一些墓葬里面我们发现了一些踪迹。

比如，在江苏高邮邵家沟出土的木片，上面就写了具有道教性质的用语。这个木片就证明当时的道教用这样的一种形式来书写。

这还不是孤例。

1984年，安徽马鞍山发现的东吴名将朱然的墓里，也有这样的木片。这个朱然原来叫施然。孙策把他介绍给了朱治，当朱治的孩子，也就是他的义子，所以施然就改姓朱了。朱然墓中发现的木片叫"刺"或者"谒"，就写有朱然的名字、名号、官职，等等，也是要禀报给地府，保佑朱然到了阴间以后仍然能享受富贵。

从朱然墓中发现的这个谒（或者刺），以及江苏高邮发现的这些木片上，我们发现这一类的木简放到墓里是起镇墓消灾作用的。

简在道教上还有一种，叫作投龙简。什么叫投龙呢？投龙是古代斋醮仪式的一个过程。古代为了祈福消灾，往往举行一些道教的仪式。当这个仪式举行完以后，要禀报三官，就是刚才所说的天官、地官和水官。要制作这个投龙简，要将玉璧、金龙、金钮用青丝捆扎起来，一通投到名山之上，一通埋入土中，还有一通要投到水里面，禀告三官九府。

这种投龙的仪式，应当说是与道教初创阶段的"三官手书"有一定的联系，是"三官手书"这种形式的发展和延续。

目前我们发现这样的投龙简不多，所发现的各类投龙简算起来，也就十多通，主要的材质有银制、铜制、玉制以及石制的几类。这个武则天金简是迄今唯一的用金做成的简。

目前发现的投龙的银简，主要是在浙江发现的，收藏在浙江省博物馆的唐玄宗的告水府的银简，还有五代时期的吴越王钱弘俶告水府文银简（他21岁和23岁的投龙）［图7］。另外，还有五代时期钱镠告水府文银简［图8］。

图 7　五代吴越王钱弘俶告水府文银简（藏于浙江博物馆）

图 8　五代钱镠告水府文银简（藏于浙江博物馆）

玉简和石简目前发现的主要有1930年在泰安的蒿里山发现的唐玄宗和宋真宗的玉册［图9、图10］。古代帝王到泰山进行封禅以后，要到蒿里山这个地方埋下玉册，告知地府，也就是我们说进行禅的地方。封是到山上"封"，禅是要对地府进行"禅"。

图 9　唐玄宗玉册

图 10　宋真宗玉册

从这些简的文字来看，主要是这几类：一类是祈求国泰民安，另一类是祈求风调雨顺，第三类是祈求长命百岁。

武则天这个简是发现于登封嵩山的峻极峰上，从这个位置来看，应当是投龙简。一是从这个发现的位置上来看，应当是投龙简。二是金简上文字的格式也符合投龙简的格式。但是，武则天金简是目前发现的，唯一的投龙的金简。

为什么她要用金简投龙呢？首先，大家都知道，在自然界中，金的物理性非常稳定，不容易腐蚀。根据这个特性，古人就认为金子能使人长生。所以，金子在中国古代，在道教里，就有特殊的用途。《无上秘要》里面就记载：

> 紫度炎光神玄变经者，非紫度炎光有本文，乃是神经自生空虚之中，凝炁成章，玄光炎映，积八千年其文乃见。太微天帝君以紫简结其篇目，以金简正书其文。

说的是什么呢？这个金简是书写道教神圣之文的，就是一般的情况下，不能用金简。所以，武则天用金简来书写她的愿望投于山上，也表明了武则天对这件事情非常重视。

金简在唐代乃至在整个古代都是稀有之物。在唐代的典籍里，也有明确记载，在用器方面，一品以下官员不得用纯金和纯玉。所以金在唐代也是身份和地位的象征，一般人是不能用纯金的。武则天这个金简用纯金，也表明了她的神圣的地位。

但是，这个简为什么会在嵩山？为什么到中岳嵩山峻极峰，这个地方来投？为什么会选择七夕这个时间？为什么会让胡超这个人代她投？下文我们再给大家进行详细的解读。

（河南博物院　田凯）

投简之谜

公元700年，也就是久视元年，历史的车轮已经行进到唐朝。这时的唐朝，武则天已经改唐为周。在自立为帝将近十个年头之际，七月七日这一天，为了祈求上天的保佑，武则天派胡超带领队伍浩浩荡荡来到嵩山之上，在举行了一个简短的仪式后，投下了一枚金简。那么，这个胡超是什么人？武则天为什么要派他来投这枚金简？中国的名山大川如此之多，武则天为什么选择在嵩山投金简？又为什么选择在七月七日这一天呢？

武则天选择在嵩山投这枚金简,她选择的这个地点具有非凡的意义。

嵩山位于今天河南省中部的登封市境内,东依河南省的省会郑州,西临古都洛阳,北临黄河,南靠颍水,与山东的泰山、陕西的华山、山西的恒山、湖南的衡山并称"五岳"。夏商的时候,称嵩山为"嵩高"或者"崇高"。西周的时候,周公在这里测定日影,立定天下之中。

那么为什么周公要在这里测日影[图1、图2],定天下之中呢?西周建立以后,武王很快就过世了。武王过世以后,就出现了三监之乱。平定了三监之乱以后,成王就派周公到河洛地区,让他建一座城来震慑镇压这些叛民,稳定东方。所以周公就要选择一个地方,表明这个地方是天意所定的,就要在天下之中来建这个城。测定日影最后就在嵩山的告成这个地方。当时这个地方还不叫告成,而叫阳城,就在这个地方他测定日影,认定这里就是天下之中。所以,就在洛邑建都,震慑东方。所以从此以后人们就认为这里是天下之中。

图1 周公测影台(今河南登封嵩山)

图 2　周公测影台记

到了东周平王的时候，就正式称嵩山为"中岳"。到了秦朝的时候，秦始皇还在这里建了太室祠，进行祭祀。汉武帝的时候，汉武帝曾经亲自到嵩山，登上峻极峰进行祭祀。他到山里边以后，就听到大山里边有"万岁"的声音。他就问左右，是不是有人喊了？左右都摇头，表示没有。汉武帝认为，这是神意，所以就非常高兴。下山以后就对秦始皇所建的太室祠进行了扩建，来进行祭祀。东汉安帝的时候，又在太室祠的前面，就是它的神道的前面，建了太室阙，就是我们今天所见到的太室阙［图3］。

图 3　太室阙

所以嵩山的地位是历代统治者所承认的，它在五岳当中具有神圣的地位，是五岳之中。所以历朝历代都在这里进行祭祀。

到了（汉）宣帝神爵元年的时候，就正式封这里为中岳，颁诏要历代祭祀。所以，嵩山首先是中国古代的政治之山，历代皇帝为了他们的统治都在这里进行祭祀。同时嵩山又是一个道教之山，许多道教的名士都在这里修道成仙。比如周灵王的太子王子晋，他跟着浮丘公在嵩山修道30年，最后在偃师缑氏这个地方驾鹤升仙。这个故事流传得非常广泛，并且在现在的偃师这个地方还有武则天所立的升仙太子碑［图4］。这个碑是在升仙太子庙这个地方立的。

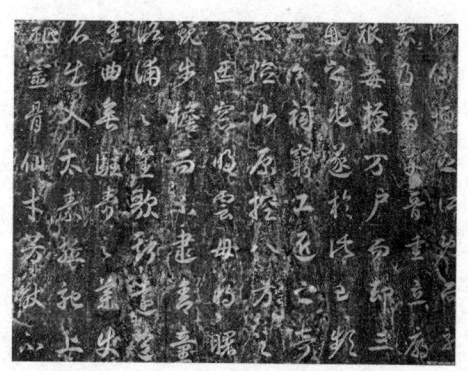

图4 升仙太子碑（局部）

《后汉书·刘根传》也记载：刘根是荥阳颍川人，也就是现在许昌禹州这一带的颍川郡。他隐居在嵩山之中。许多人到嵩山来跟他学道。也有这样的记载，西晋著名的道士鲍靓在嵩山进行修道，曾于山中的石室里得到了古《三皇文》，所以后来许多的道士都到嵩山中结室修道。像北魏的寇谦之，他就跟成公兴在嵩山进行修道。寇谦之是新天师道的创始人，也是代表性人物。他自称在嵩山遇上了太上老君，太上老君让他要改革道教，所以他创新天师道，也是与嵩山有关系。

唐代的时候，茅山宗第十一代宗师传人潘师正也在嵩山，进行修道20多年。高宗和武则天曾多次参访问道，并且还为他在嵩山专门修建了崇唐观、精思院。

所以嵩山不仅是五岳之中、四方的核心，还是历代祭祀的地方，它的地位是正统的。同时，这里又是道家修道的地方，也属于道家的圣地。当然，也是佛教圣地。

因此，武则天选择在嵩山投金简，和嵩山的历史地位有很大的关系。

事实上，武则天选择嵩山投金简，也有一个长时间的心路历程，这和她在嵩山的封禅有很大的关系。

唐朝进行封禅，我们统计有三次：第一次是高宗封禅于泰山，带着武则天；第二次就是武则天在嵩山封禅；第三次是唐玄宗在泰山封禅。

历史上许多帝王都到过嵩山，但是只有武则天在嵩山进行了封禅，并且在封禅之后的第四年，又进行了投龙活动。武则天是一个具有远大理想的政治家。在许多的方面，她都进行了改革。在封禅这个问题上，武则天也是有她的主见，有她的政治抱负的。她随高宗到泰山封禅，这个事情也是她积极争取的。在过去，封禅活动，女性是不得参加的，武则天就告诉高宗说："封禅，'封'是向高山峻岭向天府来封。'禅'是要向地府来禅，天是代表男性，地是代表女性，所以我们这个封禅要改革一下，由你到泰山顶上去封，我率领这些女性在泰山下边举行禅礼。"所以，高宗就答应了她这样一个请求，就带着武则天一起到泰山去封禅。

这个禅礼就由武则天来进行亚献，然后由越国太妃燕氏进行终献。这些事情文献里面都有记载。

这件事情过去以后，武则天又积极地鼓动高宗到嵩山进行封禅，她一直很看好封禅。高宗也确确实实准备过，但是准备了三次，都因为疾病等没能成行。封禅这件事情是需要体力的，他是要上到这个山的顶峰，才能举行这样一个仪式，所以没有好的身体状态，这件事情是做不了的。

高宗去世以后，武则天进行武周革命，建立了大周以后，她就把注意力放在了嵩山。

在天授二年和证圣元年的时候，多位大臣都鼓励武则天到嵩山去封禅。但是，武则天有自己的考虑，因为是要有大功德的时候，才能够封禅的。大周刚刚建立，不宜封禅。所以过了6年，到天册万岁二年（公元696年）的时候，武则天在嵩山举行了封禅活动。她先在山下进行了柴燎仪式，然后登上峻极峰进行封禅，封埋了玉册。三天以后，武则天又禅于少室山，完成了她的整个封禅的过程。

在封禅的地方，设置了三坛，登封坛设在了太室山的顶峰峻极峰上。这里是武则天祭天的所在。封祀坛［图5］设在了少室山的东麓万羊岗这个地方。现在这个坛的遗址还存在。另外就是朝觐坛，就是封禅完了以后，武则天接受百官和外国使节朝贺的地方。这个地方在嵩阳书院的前面。

封禅以后，武则天改中岳为"神岳"，封中岳神为"神岳天中皇帝"。这样的话，就更加抬高了嵩山的历史地位。武则天通过在嵩山

图5　大周封祀坛遗址

封禅，不仅使中岳的地位抬高到前所未有的高度，同时，也借此来宣示武周这个政权正统的地位。为纪念这样一个伟大的事件，封禅完了以后，武则天大赦天下。

为了纪念这个事件，她改年号为"万岁登封"，并且将过去的阳城改为"告成"，改嵩阳县为"登封县"。这两个名字一直沿用到今天。

在登封告成之后的第三年，武则天又来到嵩山，她在路过偃师缑氏这个地方的时候，拜谒了升仙太子庙，也就是我们前面说的周灵王的太子王子晋升仙的这个地方，并且触景生情，立了一通碑，叫升仙太子碑，还在碑额用飞白的字体书丹，这通碑现在还有。

其后第四年，也就是公元700年，武则天让武三思在石淙河这边建了三阳宫。建好以后，武则天多次率领群臣和王室，在这里消闲避暑，处理一些政务，也经常率领大臣在这里游玩。

久视元年（公元700年）五月的时候，武则天率领李旦、李显，以及武三思、张易之、张简之、狄仁杰等大臣，在石淙河进行石淙会饮。这件事情，在历史上是很有名的。诸位文人、学士写下了许多的诗篇，武则天也亲自作诗，并作序。写好以后，让书法家薛曜书丹，并且刻在石淙河的崖壁上。今天我们到石淙河，还能见到崖壁上的这些刻字［图6］。

所以我们看，武则天从与高宗在泰山封禅开始，她就有了封禅嵩山的想法，然后又亲自封禅嵩山，并且在嵩山建三阳宫。所以武则天这通金简投在嵩山上，也是有前后的这样一个因果关系的。

武则天是一个喜欢别出心裁的人，她打破了女性不能参与封禅的清规戒律。不仅如此，她还改变过去帝王封禅泰山的惯例，到嵩山封禅。封禅是古代统治者举行的一种祭祀天地的礼仪。古人认为群山中泰山最高，因此人间的帝王应到最高的泰山去祭祀天地，才算受命于

图6　游石淙诗（武则天作，薛曜书）

天。而称帝后的武则天却选择了嵩山封禅，引起了后人诸多的猜测。有人认为，武则天建都洛阳，而嵩山距洛阳很近，所以武则天选择了嵩山。也有人认为，嵩山位于五岳之中，"中"是天地人合的象征，日月当空是权力集中的体现。武则天作为一国之君，她认为中岳嵩山是天下之中，占据中央位置，距玉皇大帝办公的地方最近，到嵩山求拜，就会有求必应。正是有了这种种复杂的因素，武则天选择嵩山投金简也就不足为奇了，那么她为什么选择在七月七日投这枚金简呢？七月七日除了民间说说的七夕节之外，还有什么特殊之处呢？

那么武则天选择了在七夕这个时间，投这通金简，据北周武帝宇文邕撰写的《无上秘要》记载：

> 太上常以正月一日、七月七日、九月九日，一年三遣玉晨元皇太极真人领仙玉郎，诣东华青宫，校定真仙簿录。其有金简玉名者，即奏三元，随学深浅，玉童玉女，防卫其身。

这段话是什么意思呢？就是正月一日、七月七日以及九月九日这三天，是天界校订簿录的时间。在这个时间点上，如果你投简了，通过这个简说明你的愿望了，这些校订的神仙就会上达你的意思，满足你的愿望。所以，七夕这一天也是人神相通的日子，武则天选择七夕这一天投金简，就是认为在这一天她的愿望能够上达神界，满足愿望。

武则天选择嵩山的心迹，我们无从知晓，只能从史料里去推测她可能的想法。事实上，武则天与嵩山有着不解之缘，她一生不只一次来到嵩山。当武则天在嵩山投金简时，离她还政李唐还有不到五年的时间，这时的武则天想到的更多的就是祈福消灾，长生久视，所以在七月七日、人神相会、天地相交的日子，让胡超投金简，以上达天庭、地府、水府三界。那么胡超是谁？武则天为什么让胡超来投这枚金简呢？

胡超这个人在历史上有些记载。在过去的研究当中，对于胡超，学者持有不同的看法。有人认为胡超是一个僧人，还有人认为胡超是一个宫廷的太监。经过研究，认为胡超应当是一位历史上有名的大德道人。

在唐朝的文献上，有这样几个记载。唐代张鷟所写的《朝野佥载》，这本书里就记载了这样一个事件：

> 周圣历年中，洪州有胡超僧出家学道，隐白鹤山，微有法术，自云数百岁。则天使合长生药，所费巨万，三年乃成。自进药于三阳宫，则天服之，以为神妙，望与彭祖同寿，改元为久视元年。放超还山，赏赐甚厚。服药之后三年，而则天崩。

从《朝野佥载》的记载看，这个胡超原来可能是名僧人，后来出家学道。在哪儿呢？在洪州这个地方。洪州是哪儿呢？洪州就是现在的南昌。他微有法术，武则天非常信他。并且，这个人自称"百岁"，到底多大年纪不知道。武则天曾经让这个胡超为她"合长生药"，也就是为她炼丹。武则天吃了以后病好了，想留他，也没留成。就让他回去了，并且还给他优厚的赏赐。

这不是孤例。颜真卿所写的《抚州临川县井山华姑仙坛碑铭》碑文里面，又记载了另外一个事情：

> 长寿二年，岁在壬辰，冬十月壬申朔，（华姑）访於洪州西山胡天师。天师名超，能役鬼神。

就是说，华姑曾经到洪州的西山，拜访过胡天师。这个胡天师叫胡超。

在《旧唐书》里也有记载：

> 五月癸丑，上以所疾康复，大赦天下，改元为久视。

《旧唐书》是正史，颜真卿写的碑文也应该是有依据的，再加上唐朝当代的张鷟的《朝野佥载》，这三项印证了这个胡超是个真人，不是胡编乱造的。

另外一本书《修真十书玉隆集》记载得比较详细，他有另外一个名字，叫胡慧超。胡慧超"字拔俗，不知何许人也，人莫知其年纪，唐高宗上元间来自庐山"。这里就说了，这个人在高宗上元年间，也就是公元674年到公元676年之间，从庐山到了洪州。"栖于豫章西山"，豫章是哪里？豫章也是南昌。汉的时候设豫章郡，到隋朝的时候改洪州，所以说的是一个地方。

这本书里也同样记载了武则天召见胡超这件事情。她怎么召的呢？"以蒲轮召之。"什么叫"蒲轮"呢？就是车的轮子用蒲草给裹起来，这叫蒲轮。这是一种很隆重的迎接仪式。武则天用这种方式来迎接胡超到京师。

那么胡超这个人长什么样子呢？同书也有记载：

> 美须眉，体貌环伟，类四十许岁人，身不甚长，然每处稠人中，其首独出其上，虽至长者，止及其肩，故时称胡长仙。

就是说，这个人体貌非常的魁伟，有非常漂亮的眉毛和胡子，体格虽然不是很高，但非常出众，其头部往往超出众人。当时的人称他为"胡长仙"。

这个人在长安三年（也就是公元703年）的时候，他命弟子在岫岩关的西北造了一座专坟，然后就去世了。

所以，从这些文献里面我们来看，这个胡超也叫胡慧超，记他是胡超的，一般是在唐朝时期的文献里边。宋以后的文献里，一般记胡慧超，这可能是传抄过程当中出现的错误，也可能他就有两个名字。同时他还有一个名字叫拔俗。他还是道教新兴的教派净明派的创始人之一。在文献记载里面，他还曾经撰写过《洪州西山十二真君传》，这本书流传至今。

从以上记载，我们可以理出一个头绪。胡超原来是个僧人，早期住在庐山，后来到了南昌。这个人体貌魁伟，有法术。武则天和高宗非常信任他，曾经邀他到京城，请他炼丹。胡超回到洪州，炼丹3年，然后把炼成的丹药进献给武则天，武则天食后除却了疾病，非常高兴，改年号为久视。这个胡超不是一般的人，更不是一般的道人，是在当时非常有名气的，非常有道行的一个高深的道人。所以武则天请他在嵩山进行投简，就顺理成章了。

从史书的各种记载来看，胡超是武则天极为信任的一位道人。从胡超与武则天的前后交往中，可以看出，胡超的确为武则天除却过疾病。这让武则天非常高兴，于当年大赦天下，改元久视。为了祈福除罪而长生不老，胡超又打造金简，登上嵩山峻极峰，向天地之神祈福。在胡超精心打造的这枚金简上，还有武则天所造的几个字，通过对这些字的解读，更能了解武则天真实的内心世界。

武则天金简上共有五个字，属于她自己创造的字［图7］。这五个字有："曌"（就是武则天自己的名字）、"囻"、"囸"、"匤"，还有

图7 武曌金简中"则天文字"

"忠"(就是大臣的"臣"字)。

这个"曌"字前文已经给大家解释过了,是武则天的名字。这个"曌"字只有武则天自己能用,表示日月当空、光照万物的意思。

"忠"字怎么写呢?"忠"字是上面一个"一",中间一个"中",下面一个"心"。叫"一中心",就是做人臣的人,要对你的主人一心一意,要忠心。

还有一个字是"圀"字,这个字是国家的"国"字,里边是一个"八"、一个"方",外面一个方框。为什么武则天要造这个"圀"字呢?她可能对古代的国字(國),有错误的理解,认为过去"國"字里面是一个"或","或"字是"惑"的意思,不太吉祥,要改。所以开始武则天就改成什么呢?这个方框里是武则天的"武"字,后来说那也不对,等于把"武"困到这个"国"里了,不太好。所以就改成了八方之"圀"。其实,"國"字里面的"或"字,实际应该读"yù",也就是地域的"域"。甲骨文里边的这个字并没有外框,只是一个"或",就是当时对国家的概念,只是一个区域的概念,并没有国境的概念。

到了周的时候,金文里边才开始在这个"或"的外边加一个框。这个"或"(域),地域有范围了,有概念了,形成了新的"國"的概念。所以武则天造这个"圀"字,也是有统一八方的政治理念、政治抱负的。

武则天造了许多字。到底造了多少字？现在研究不太一致，大概有20个左右［图8］。

图8　武则天创造的文字

那么武则天为什么要造这些字呢？古代人认为文字本身也附带着一种神意，它不但能传达人的思想，表达人的想法，同时，也附载着天地万物的神性。所以通过文字，也能够向神灵传递人的意志。所以武则天就造了这些字，这些字大概有三类：第一类是武则天的年号，比如证圣、天授、载初等。第二类是日月星辰、国臣等。这些属于文献记载里边常用的文书，常用的这些字。这些字也是代表天地万物、国家人臣。第三类是武则天自己的名字，只有一个，就是这个"曌"字。

武则天通过自己造的这些文字，也传达了她对自我的认识，国家的理解，对人臣、君臣关系的理解，对上苍、宗教的理解。

武则天造这些字，是希望这些字能够永远使用下去，传递下去。但是随着武周政权的消失，这些字也都慢慢地停止使用了，变成了今天的死字。

武则天金简于久视元年，也就是公元700年，投于嵩山，1982年被发现，整整过去了1282年。这1282年时间的流逝，也是这个金简所附带的历史信息的流逝，文化信息的流逝。在前文给大家一一解读了武则天金简的本体、文字、历史内涵。但是我只能说，我们这是根据一些历史文献，根据其他的考古发掘的成果来进行研究，得出的一些结论。武则天投金简是希望自己能够长命百岁。武则天活到了82岁，对于唐朝人来说，82岁应该是高寿了。根据研究，唐朝人的平均寿命是50岁左右。唐朝皇帝的平均寿命只有40多岁。所以武则天82岁应当说是达到了武则天投金简的目的了，应当说是达到了她长生这样一个愿望了。但是人不可能长生不老，这是自然规律。武则天在嵩山投龙简，表达了她的一个心迹。在这个时间点上，投这个金简，也传递了武则天当时对自己的一个祝愿和对自己的一种看法。那么究竟她对自己是什么看法？武则天去世的时候，在乾陵立了一块碑——无字碑。这块无字碑为我们也留下了许多的历史谜团。但是武则天金简是有字的，从这里我们可以解读其背后的深刻的，包括她个人，包括她所处的那个时代的，历史文化信息和历史文化面貌。但是金简背后还有更多的历史文化信息深藏其中，需要我们在今后的研究当中进一步揭示。

（河南博物院　田凯）